# 明朝原来这个样

赵帅　王姗姗　著

中国铁道出版社有限公司
CHINA RAILWAY PUBLISHING HOUSE CO., LTD.

图书在版编目（CIP）数据

明朝原来这个样 / 赵帅, 王姗姗著.—北京：中国铁道出版社有限公司, 2023.11
ISBN 978-7-113-30394-5

Ⅰ.①明… Ⅱ.①赵… ②王… Ⅲ.①中国历史-明代-通俗读物 Ⅳ.①K248.09

中国国家版本馆CIP数据核字（2023）第132154号

书　　名：明朝原来这个样
MINGCHAO YUANLAI ZHE GE YANG
作　　者：赵　帅　王姗姗

责任编辑：奚　源　　编辑部电话：（010）51873005　　投稿邮箱：jingzhizhi@126.com
编辑助理：荆然子
封面设计：闰江文化
责任校对：刘　畅
责任印制：赵星辰

出版发行：中国铁道出版社有限公司（100054，北京市西城区右安门西街8号）
网　　址：http://www.tdpress.com
印　　刷：河北宝昌佳彩印刷有限公司
版　　次：2023年11月第1版　2023年11月第1次印刷
开　　本：710 mm × 1 000 mm　1/16　印张：11.5　字数：158千
书　　号：ISBN 978-7-113-30394-5
定　　价：58.00元

# 前言

在被《明朝那些事儿》科普之后，又被《大明风华》《大明王朝 1566》等电视剧熏陶了几遍，无论是坐在办公室格子间琢磨下一次美食探店的加班族，还是期待外出旅游说走就走的文青族，明朝的绝代风华都是他们心心念念的一瞥风景。

想象一下，一个明朝普通的老百姓早上醒来的时候，身边有老婆孩子热炕头，跟皇帝吃一样的馒头花卷，还有各位士大夫——“美食博主”推荐美食小吃，闲暇时候去梨园听听小曲，逢年过节放长假逛庙会，各种吃喝玩乐。

这简直就是现在年轻人梦想的生活啊!

不必担心五百年前没什么好吃的，因为爱吃会吃的明朝人是美食爱好者。单是一道猪肉就能琢磨出三十三种做法，就连汤品店里的汤品都与现代奶茶店里的各类奶茶实现穿越数百年的神同步。

在明朝，攒几年钱也能买个五间房带门面的四合院。如果努努力当上了大官，没准还能在南京住得上气派的大宅子，岁月静好不过如此。

在明朝，可以花费大把的时间在梨园的戏班子里。只要心中有歌，冯梦龙老师都把歌词给你准备好了，随时随地飙山歌。

在明朝，不必担心妆容，因为明朝人流行的妆容非常随意。鸡蛋清、杏仁、木槿叶都能成为纯天然洗护用品，能用得上辰州产的粉底，那妥妥的美妆达人呀!

不必担心的还有很多，至少看到老祖宗的生活也是如此忙碌又平和，希望你读到那些趣闻时可以笑出来。

如果你看多了历朝历代波澜壮阔的史卷，不妨放下身段回到人民群众之中，看看他们在数百年之前是如何创造历史的：不妨放肆地在脑海中构思一下自己作为一个明朝的百姓会是什么样子。如果你连这个放肆的时间都没有，且让我代劳，从《五杂组》《客座赘语》《南华录》《陶庵梦忆》这些故纸堆里找出来明朝那些细碎而别有生趣的故事讲给你听。

希望读完这本书的时候，抬起头来，能在明朝的天空中找到自己心中的"白月光"，躬下身来，也能在那些故纸堆之上留下自己的宛然一笑。

交付出版之时，2023 年已经过去了一半，在过去的几百天里，我几乎每天都要工作到凌晨，很庆幸有明朝市井生活中萦绕的这些烟火气息能慰藉深夜里的焦躁不安。

感谢好友的支持，没有你们的帮助，就不会有如此精彩的内容；感谢我的家人，你们的支持是最大的鼓励，尤其是毛毛小朋友让我对人生和追求有了更多不一样的视角，能伴随着你一起成长，是一种莫大的幸福。

由于时间和精力有限，本书在撰写过程中难免会存在一些不足，希望广大读者提出宝贵意见。如果您有任何建议或想法，请不要犹豫地与我们联系。感谢您！

赵　帅

2023 年 6 月

# 目录

# 第一章　不得不承认，明朝人都是『吃货中的吃货』

## 第一节
## 花卷馒头一样香——皇宫饮食

在普通人的想象中，皇帝家的扁担“都是金子做的”，吃饭也一定吃的是“龙肝凤髓”。当然了，“普天之下，莫非王土”，只要是皇帝想吃的，皆可成为盘中餐。

那么，明代皇帝究竟吃些什么呢？

### 厨子们都属于哪里

吃饭要先看厨师，那么在明朝，都是哪些机构负责皇帝的御膳呢？

看多了清宫剧的人肯定会脱口而出：御膳房！

其实，大家平时说的御膳房到清朝才出现。如同字面意思，御膳房的存在主要是为了满足皇帝个人的饮食，然后兼顾后宫等的日常饮食。但在清朝之前，是没有御膳房这个机构的。

明朝的宫廷膳食管理主要分为内外两套衙门。内廷主要包括尚膳监和尚食局，而外廷的管理单位主要是光禄寺、太常寺。其中光禄寺的职务主要包括宴劳、酒醴、膳馐之事，也就是说，光禄寺不仅负责皇帝和后宫的饮食，还负责宴会及官员餐食等。

换句话说，皇帝吃饭和官员吃饭，都要由光禄寺来负责，日常工作当然

是相当忙碌了，而且消耗也是相当惊人。

凡岁派光禄寺牲口十万只口。上半年五万只口、下半年五万只口、俱行浙江等布政司、两直隶各府派属征解。

——《明会典》卷一百十九

根据相关资料记载，光禄寺一年约消耗猪 19 000 余头、羊 11 000 余头、牛 40 头、鹅 32 000 余只、鸭 37 000 余只，轻轻松松吃垮一个大型的现代化养殖场。

之所以只吃了 40 头牛，是由于牛是比较珍贵的农业生产资料，不敢多吃。但从其耗材来看，厨子们所在的光禄寺已经是几大机构中的巨头了。

其他的机构呢，比如太常寺主要掌管祭祀、礼乐之事。凡是与祭祀有关的饮食活动都由太常寺负责。上林苑呢，主要掌管苑囿、园池、牧畜、树种等事务，负责牛、羊、猪、鹅、鸭、鸡的饲养，也负责蔬菜水果的培育。上林苑的厉害之处在于它的地盘是真的大。

上林苑监。左、右监正各一人，正五品。左、右监副各一人，正六品。监正、监副后不常设，以监丞署职。左、右监丞各一人，正七品。其属，典簿厅，典簿一人，正九品。良牧、蕃育、林衡、嘉蔬四署，各典署一人，正七品。署丞一人，正八品。录事一人，正九品。

监正掌苑囿、园池、牧畜、树种之事。凡禽兽、草木、蔬果，率其属督其养户、栽户，以时经理其养地、栽地而畜植之，以供祭祀、宾客、官府之膳羞。凡苑地，东至白河，西至西山，南至武清，北至居庸关，西南至浑河，并禁围猎。良牧，牧牛羊豕；蕃育，育鹅鸭鸡，皆籍其牝牡之数，而课孳卵焉。林衡，典果实花木；嘉蔬，典莳艺瓜菜，皆计其町畦树植之数，而以时苞进焉。

——《明史》

看看这个地盘有多大，从今天的北京顺义到天津武清，连北边的居庸关、西南的永定河，都有上林苑的地方，这才供得起宫里皇帝和各色官员的吃喝。

## 光禄寺也太不争气了

把目光转到皇帝身上，负责皇帝饮食的机构也是经历了一个演变的过程。最开始，明朝皇帝的饮食是由光禄寺的御厨负责，但后来逐渐变成了由太监掌管。

原因很简单，光禄寺给皇帝做的饭菜实在是不敢恭维，虽然有鱼有肉，但是没有什么新鲜感，烹调方式较为固定，久而久之，不仅皇帝受不了，普通官员也受不了。

最开始朱元璋登上皇位时，光禄寺的负责人是徐兴祖。朱元璋是很认可徐兴祖的烹饪水平的，称其“世业烹炰，其于五味之施，皆无过不及”。也就是说，在明朝初期，光禄寺厨子的烹饪水平是在线的。

兴祖世业烹炰，其于五味之施，皆无过不及，可谓能矣、善矣。

——［明］朱元璋《高皇帝御制文集》

而且就算光禄寺的厨子们水平一般，朱元璋也不是太在乎。朱元璋出身贫穷，当了皇帝后极力提倡节俭，以朴素为主，对于伙食的要求几乎止步于温饱。

后来朱棣即位，也延续了朱元璋对于饮食的要求，而且朱棣大部分时间都在行军打仗，有餐饱饭就不错了，对于光禄寺的厨子们来说就是放长假了。

再后来的仁宣二宗时期，虽然已经过上了天下太平的生活，但这二位也深知百姓疾苦，一样提倡节俭，吃饭能应付过去也就算了。

再加上光禄寺的厨师也很多，三个臭皮匠赛过诸葛亮，何况是一群千挑百选的厨子们聚在一起。明宣宗朱瞻基在位期间，光禄寺的厨役最多，达到了 6 884 名，这足以组成一支规模不小的军队了。到嘉靖以后，光禄寺厨役逐年减少。最终为 3 400 名，“永为定额”。

宣德十年，奏定五千名。后增至六千八百八十四名。嘉靖八年，见在食粮五千六十四名。九年议准，以四千名为额。十六年，增一百名。三十四年后，减至三千六百名。隆庆元年，题准三千四百名，永为定额。

——《明会典》

等到朱厚照上位时，山珍海味逐渐多了起来。不过按照光禄寺的风格，不管食材多么珍贵，他们也做得让人感觉不好吃，光禄寺的烹饪水平一下子就暴露出来了。

光禄寺的问题，简单来说，就是编制冗余，滥竽充数的人太多。当这样一个机构的同一位置员工达到 6 884 人的时候，其中浑水摸鱼的人有多少，可想而知。就算是给皇帝做饭，也挡不住这些厨子糊弄的心。

不仅仅是皇帝，普通的大臣都受不了光禄寺的这帮厨子了。嘉靖帝在位时，内阁首辅夏言每次到内阁值班的时候，都从家里带饭来上班，说明光禄寺的大锅饭，夏言可能真的忍不了了。

所以后来，皇帝终于受够了，于是换司礼监的秉笔太监、掌印太监来专门负责皇帝的膳食，比起来光禄寺，这些太监明显更能掌握皇帝的饮食偏好，在烹饪手法方面也更上一层楼，由此彻底取代了光禄寺。

## 皇帝也吃馒头花卷

即使贵为皇帝，也不可能整天吃山珍海味。皇帝也是普通人，他们的饮食也是有个人喜好的，有的皇帝爱吃珍馐美馔，有的皇帝就爱吃家常菜。

比如明穆宗就爱吃果饼，经常让尚膳监、甜食房到东长安大街勾栏胡同采买，而且他还熟知果饼的价钱，尚膳监的人想营私舞弊，还被明穆宗一眼识破。

尝思食果饼，询之近侍，俄顷尚膳监及甜食房各开买办松榛粔饧等物，其值数千金以进，上笑曰："此饼只需银五钱，便于东长安大街勾栏胡同买一大盒矣，何用多金！"内臣俱缩颈退。

——［明］沈德符《万历野获编》

也有的皇帝喜欢名贵食材，比如崇祯皇帝就是燕窝的拥趸，尚膳监经常要为其预备好燕窝羹，还要提前经过多位厨子的品尝，将味道拿捏得恰到好处再进献给皇帝。

凌晨催进燕窝汤，佩欓鸣姜出膳房。为是酸咸要调剂，上方滋味许先尝。

——［清］王誉昌《崇祯宫词》

这跟崇祯皇帝在人们心中的勤俭形象还是有所出入的，大概也跟这位皇帝事事都要亲为有关，看奏折看到凌晨，不来一碗燕窝对不起自己的工作时长。

即使是一般的食物，在明朝也被做出了新的花样。比如你以为的豆腐可能是卤水点出来的豆腐，最多口感更加细腻一点，但原材料总归是黄豆，可明朝皇帝后来吃的"豆腐"让人大跌眼镜。成化年间，皇帝吃的"豆腐"已经升级为百鸟脑酿成，一盘"豆腐"花费近千只鸟脑，而与此形成鲜明对比的则是成化年间接踵而至的天灾饥荒。

成化元年，两畿、浙江、河南饥。二年，南畿饥。四年，两畿、湖广、山东、河南无麦。凤阳及陕西、宁夏、甘、凉饥。五年，陕西洊饥。六年，顺天、河间、真定、保定四府饥，食草木殆尽。山西、两广、云南并饥。八年，山东饥、河南无麦。凤阳及陕西、宁夏、甘、凉饥。五年，陕西洊饥。六年，顺天、河间、真定、保定四府饥，食草木殆尽。山西、两广、云南并饥。八年，山东饥。

——《明史》

一边是“食草木殆尽”的老百姓，一边是一盘“豆腐”千只鸟的皇帝，奢侈至此，不难理解古人所说的“朱门酒肉臭，路有冻死骨”了。

除了家常菜外，饭桌上肯定少不了米饭馒头等主食。皇家的饭桌上又分为大馒头小馒头、花头鸳鸯饭、马猪羊肉饭等主食品类。仅以赐筵上的食品为例，就已经充分展示了明朝厨师的厨艺，看看这些名字就够流口水的了：宝粧茶食、响糖、缠碗、大银锭、小银锭、大馒头、小馒头、肉汤、粉汤、花头、果子油酥、鸳鸯饭、马猪羊肉饭、棒子骨、羊背皮、黑白饼、甘露饼、大油饼、小点心、风鸡、风鸭、果茶、煠鱼、云子麻叶糕等。

天顺元年、上卓、宝粧茶食。向糖缠碗八笛。棒子骨二块。大银锭油酥八笛。花头二笛。凤鸭一只。菜四色。按酒五般。汤三品。小银锭笑靨二楪。鸳鸯饭二块。大馒头一分。果子五般。黑白饼一楪。鲊一楪。每人酒五钟。上中卓、宝粧茶食。向糖缠碗八笛。棒子骨二块。大银锭油酥八笛。花头二笛。甘露饼四笛。菜四色。按酒五般。小银锭笑靨二楪。汤三品。鸳鸯饭二块。大馒头二分。果子五般。每人酒五钟。中卓、宝粧茶食。云子麻叶二楪。甘露饼四笛。大银锭油酥八笛。煠鱼二块。小银锭笑靨二楪。果子按酒各五般。菜四色。花头二笛。汤三品。鸳鸯饭二块。大馒头四分。每人酒五钟。下卓、宝粧茶食。大银锭油酥八笛。煠鱼二块。果子四般。按酒四般。菜四色。汤三品。马肉饭二块。大馒头二分。每人酒五钟。

——《明会典》

拿其中的馒头来说，在明初就已经成为祭祀贡品和皇宫主食之一，这一点，我们在明朝吴承恩所著的《西游记》中也可以得知一二。

悟空、八戒、沙僧在车迟国偷吃三清殿的贡品，就是大馒头、烧饼、点心之类的食物。可想而知，花卷馒头已经是明朝比较上档次的食品了。

那呆子还变做老君。三人坐下，尽情受用，先吃了大馒头，后吃簇盘、衬饭、点心、拖炉、饼锭、油煠、蒸酥，那里管什么冷热，任情吃起。

——［明］吴承恩《西游记》

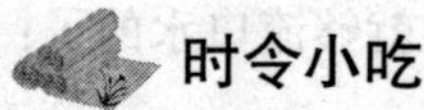

## 时令小吃

除了馒头花卷这种日常干货，在各个时令，也都有各个阶层喜欢的时令小吃。

以明朝版的鲜花饼为例，每年木樨花开的时候，就会有显贵人家的子弟专门去收集木樨花，用来和面制饼。

南京旧制，木犀开时造饼，有拣花舍人五百名。

——［明］李诩《戒庵老人漫笔》

《红楼梦》中贾宝玉喝的水中加的木樨清露，评价为“果然香妙非常”。能让百般挑剔的宝玉为之甚喜，可见木樨清露的难得。

袭人看时，只见两个玻璃小瓶却有三寸大小，上面螺丝银盖，鹅黄笺上写着“木樨清露”，那一个写着“玫瑰清露”。

——［清］曹雪芹《红楼梦》

现在常用“青黄不接”比喻人力或物力等暂时缺乏，接续不上。明朝流行一种用还未完全成熟的麦子制作的捻转，今天依旧是河南、甘肃等地的时令食物之一。

捻转主要是用五月左右还未完全成熟的麦子来制作，先将麦粒炒制后，用磨盘磨成长约一两寸的麦粉条，绿中透黄，不同于完全成熟的小麦，捻转清香甜美，散发着新麦的清香，略潮湿而不干燥，可以直接食用或凉拌食用。

## 第二节 明朝不乏吃货老饕——士大夫饮食

明太祖朱元璋对节俭一事是言传身教的，毕竟是穷苦人家出身，知道当家过日子不容易。到了朱元璋的子孙后代时，吃饭就成为“一等一的大事儿了”，砸再多的钱在上面“也不算过分”，即使被后世称为“勤俭”的崇祯，在一顿饭上面花的人力、物力也不是普通人可以想象的。

来看看崇祯皇帝的早膳都有哪些东西，米食有香稻米、糯米、薏仁粥、豆粥、松子菱芡枣粥，每一种都吊打现代营养早餐；而面食则让每一个山西厨师都汗颜，从玫瑰馅、木樨花馅、果馅、豆沙馅，到发面、汤面、油茶面，没有经过系统的面食训练，可做不出来这百般花样。

上出外室，宫人进茶汤诸饼饵。用已，设早膳中殿，两内府乐作，上入殿，南向坐。若同中宫供食，则设两案，否则具一案，旁置数案，宫人以次进餐。

凡米食，如蒸香稻、蒸糯、蒸稷粟、稻粥、薏苡粥、西粱米粥、凉谷米粥、黍秫豆粥、松子菱芡枣实粥，一一陈设，听上用何种，馀移置别案。

面则玫瑰、木樨、果馅、洗沙、油糖、诸肉、诸菜蒸点。有发面、烫面、澄面、油搽面、撒面诸制，与米食同列，亦同撤。

——［清］宋起凤《稗说》

至于热菜吧，可能就有点不符合现代人的饮食习惯了，虽然食材还是很丰富的，包括常见的牛羊猪肉和生猛海鲜，但是烹饪手法主要是大火烧炒，味道比较偏浓厚，可能多多少少有点不健康。

其膳馐，牛羊驴豚狍鹿雉兔及水族海鲜山蔬野蔌，无不具。大率熏炙炉烧烹炒，浓厚过多，为名亦各异。

——［清］宋起凤《稗说》

跟现代人的早餐相同的地方是，皇帝的早餐桌子上也有这么几道小菜，主要是明朝的老祖宗让后人忆苦思甜，所以才有了苦菜根、苦菜叶、蒲公英等时令小菜。这些小菜就着一碗稻米粥，也是一份别开生面的早饭了。

而民间时令小菜小食亦毕集，盖祖宗设之，所以示子孙知外间辛苦也。小菜如苦菜根、苦菜叶、蒲公英、芦根、蒲苗、枣芽、苏叶、葵瓣、龙须菜、蒜苔、匏瓠、苦瓜、齑芹、野薤等。

——［清］宋起凤《稗说》

至于其他的点心和水果，也都异常丰盛，完全看不出来有什么体会民生本艰的地方。就拿其中极具教育意义的小食来说，也有13道之多。哪个平常百姓家里吃早餐能吃这么多的小食？可见皇帝家的忆苦饭也就是做做样子，一点儿都不接地气。

小食如稷黍枣豆糕、仓粟小米糕、稗子、高粱、艾汁、杂豆、乾糗饵、苜蓿、榆钱、杏仁、蒸炒面、麦粥、苽米等，各以时进，不少间。

其他遐方之物，除鲥鱼、冬笋、橙桔，可远致不劳民力者，岁时贡之上方，馀则概不下所司征取，亦不令中外进献，良法哉。

——［清］宋起凤《稗说》

毕竟是含着金汤匙出生，在皇帝心中，可能觉得御膳也就这么回事儿，也没什么特别的。但对于手下干活的大臣和普通老百姓，意义可就完全不一样了。

## 为啥明朝的士大夫这么讲究

如果说皇帝是“家大业大”，吃穿用度可以极尽奢华，那么皇帝下面的官员们会不会有所收敛呢？

答案是否定的。上梁不正下梁歪，明朝的官员们深得皇帝爱吃爱玩的精髓，甚至整个社会在饮食上的风气都在往奢靡的方向发展。

一来，士大夫这个群体中的一些人本身就比较“矫情”。“食不厌精，脍不厌细。”食物夹生了或者过熟了不能吃，没有酱物来下饭也不能吃，反正就是怎么精致怎么来，这导致明朝的士大夫对于饮食的品质和档次都有着极高的要求。

二来，明朝的士大夫也有吃好喝好的底气。自明朝中叶之后，社会商业活动空前繁荣，各个地域之间的烹饪技术和食材得到了充分的交流，菜式也更加丰富，比如我们现在常见的番茄、辣椒、南瓜、红薯、玉米、大蒜等食材都是在这个时期传入中国的。尤其是辣椒、大蒜等辛辣调味品的出现，让中国的饮食有了更多的可能，比如八大菜系中的川菜和湘菜都拜辣椒所赐，至于国人必会的西红柿鸡蛋汤，也是在这个时期随着番茄的出现而诞生的。

在以上因素的影响下，明朝的士大夫群体就尽情发挥吧，不管是伺候皇上还是自己的这张嘴，都不遗余力地开发新菜式。在明代的宫廷名菜中，由明朝人自行开发研制的就有22道，包括：烧香菇、蟠龙菜、炙蛤蜊、炒大虾、田鸡腿、笋鸡脯、酒糟蚶、烧鹿肉、镶肚子、带冻姜醋鱼、生爨牛、花珍珠、炙泥鳅、酢腐、油煎鸡、炙鸭、一捻珍、水爆肉等。

大概在明朝士大夫的心里，反正圣意难测，伺候好皇上是不指望了，还是伺候好自己这张嘴吧。

## 吃货跟老饕的区别，就在于有没有文化

吃货的世界里也要分出来三六九等。一等的吃货当比拟陆文夫笔下的美食家朱自冶，不管有钱没钱，都能想到好吃的法子，就算是去给码头拉南瓜，也能想出来一道南瓜盅，而末等的吃货则是吴承恩笔下的猪八戒，就算把人参果递到他嘴里，他也只会囫囵吞下，只关注吃的过程，完全不关注食物本身。

明朝的吃货世界也是如此。有的吃货属于“偏执狂”，只要是自己想吃的，费尽千辛万苦也一定要一饱口福；有的吃货属于“暴发户”，不管食物是不是好吃，要的就是奢侈的那个感觉。

在嘉靖、隆庆年间，无锡有一名姓安的土豪，被大家称之为“安百万”。一般拥有这个外号的人，基本上没几代就得没落，这个定律从明朝初期的沈万三就开始了。

这个“安百万”也是一样的，饮食习惯就一个字——豪，怎么费钱怎么来。为了吃饭，他甚至专门在自家宅子旁边建了一个农场，专门供自家厨子做饭用，像鹅这种家禽，一养就是几千只，平日里一天杀三四只鹅来下饭也再普通不过。有时候，这位“安百万”大半夜想吃鹅，厨子还来不及宰杀，就先割一只鹅腿让他尝尝味，等到吃完鹅腿，鹅都没有死透。如此奢侈的作为，当然其下场可知。

明嘉隆间，无锡安氏家巨富，甲于江左，号安百万。最豪于食，尝于宅旁另筑一庄，专豢牲以供馐。子鹅常畜数千头，日宰三四头充馔，他物称是。或夜半索及，不暇宰，则解鹅一支以应命。食毕，而鹅犹宛转未绝。后竟用奢侈败。

——［清］王应奎《柳南随笔》

而有文化的吃货就不一样了，他们对待美食的态度就像集邮一样，务必要全面且难得。凡是地方上有的，不管多遥远多难得，都要去品尝一番，这个领域里的佼佼者当属张岱。

很多人只看到了《陶庵梦忆》《西湖梦寻》里的那个翩翩贵公子一样的都市文人，但他确实是个不折不扣的吃货。每到一个地方，张岱就要找当地最有特色的食物来品尝。到了北京一定要吃苹婆果、黄鼠、马牙松。到了福建要吃福橘、福橘饼、牛皮糖等。

这些美食小吃其实并不算昂贵，比如杭州的西瓜、莲藕、韭菜和蜜橘已经不算稀奇。但在那个年代，跑遍大江南北只为满足口腹之欲，张岱在吃货群里可以排到前几名。

越中清馋无过余者，喜啖方物。北京则苹婆果、黄鼠、马牙松；山东则羊肚菜、秋白梨、文官果、甜子；福建则福橘、福橘饼、牛皮糖、红乳腐；江西则青根、丰城脯；山西则天花菜；苏州则带骨鲍螺、山查丁、山查糕、松子糖、白圆、橄榄脯；嘉兴则马交鱼脯、陶庄黄雀；南京则套樱桃、桃门枣、地栗团、窝笋团、山查糖；杭州则西瓜、鸡豆子、花下藕、韭芽、玄笋、塘栖蜜橘；萧山则杨梅、莼菜、鸠鸟、青鲫、方柿；诸暨则香狸、樱桃、虎栗；嵊则蕨粉、细榧、龙游糖；临海则枕头瓜；台州则瓦楞蚶、江瑶柱；浦江则火肉；东阳则南枣；山阴则破塘笋、谢橘、独山菱、河蟹、三江屯蛏、白蛤、江鱼、鲥鱼、里河鳋。远则岁致之，近则月致之、日致之。耽耽逐逐，日为口腹谋，罪孽固重。但由今思之，四方兵燹，寸寸割裂，钱塘衣带水犹不敢轻渡，则向之传食四方，不可不谓之福德也。

——［明］张岱《陶庵梦忆》

在诸多食材之中，饱受明朝人青睐的莫过于蟹，其他的牛羊肉多多少少需要佐料，而河蟹不用加油盐酱醋也很美味。在明朝时，螃蟹已经被端上了寻常百姓家的餐桌，当时的人们认为煮蟹“则蟹黄易走漏，味不全”，于是发明了用线将蟹缚成一串串，放进蒸笼烹饪，果然是“味鲜于煮”。

河蟹到十月已经足够肥大，连蟹足都有很多肉，尤其蟹壳里面的蟹黄蟹膏厚实，掀开蟹壳之后，堆积在一起紧实不松散。

食品不加盐醋而五味全者，为蚶、为河蟹。河蟹至十月与稻粱俱肥，壳如盘大，坟起，而紫螯巨如拳，小脚肉出，油油如螾蜑。掀其壳，膏腻堆积，如玉脂珀屑，团结不散，甘腴虽八珍不及。

——［明］张岱《陶庵梦忆》

因此每年十月一到，张岱就会和友人一起举行吃蟹会，每人都要吃六只，还要搭配上肥腊鸭、牛乳酪等食材，用鸭汤煮白菜，再加上栗子、菱角等，这其中的主角当然是河蟹了，其余的这些菜品，即使烹饪过程繁杂，也只能当作配角。

一到十月，余与友人兄弟立蟹会，期于午后至，煮蟹食之，人六只，恐冷腥，迭番煮之，从以肥腊鸭、牛乳酪、醉蚶如琥珀，以鸭汁煮白菜，如玉版；果瓜以谢橘、以风栗、以风菱，饮以“玉壶冰”，蔬以兵坑笋，饭以新余杭白，漱以兰雪茶。繇今思之，真如天厨仙供，酒醉饭饱，惭愧惭愧。

——［明］张岱《陶庵梦忆》

普通老百姓对于吃蟹的热爱一点也不亚于张岱这些文人。当时有一个叫周四麻子的厨子，在煮蟹的基础上又发明了新做法，时称“爆蟹”。每临秋季，上门吃蟹者接踵而至，络绎不绝，“昼夜无虚席”。周四麻子也因此成了专业的爆蟹卖家。

爆蟹制作过程类似于今天的烤蟹。先将蟹蒸熟，然后摆置铁节上用炭火炙。炙时不断蘸以甜酒、麻油，不一会儿可见蟹壳浮起欲脱。“二螯八足，骨尽爆碎，肚肋之骨皆开解。”吃的时候每人一份，盛于碟中，拌以姜和醋，丝毫没有刺唇和碴牙之苦，食客可以尽享食蟹之乐。

乃有周四麻子者，自都中归，又翻一新法，为爆蟹。遂开酒馆于西城，秋时来顾者，昼夜无虚席。其法将蟹蒸熟，置之铁节炭火炙之，蘸以甜酒麻油，须臾壳浮起欲脱。二螯八足，骨尽爆碎，脐肋骨皆开解，用指爪微拨之，应手而脱，仅存黄与肉，每人一分，盛一碟中，姜醋洗之，随口快啖，绝无刺吻抵牙之苦。

——[清]瀛若氏《三风十愆记》

除了烹饪方法有所革新之外，食蟹工具也出现了里程碑式的“蟹八件”，包括锤、镦、钳、铲、匙、叉、刮、针八种，翻译成现在的用语，就是腰圆锤、小方桌、镊子、长柄斧、小匙、长柄叉、圆头剪、钎，因为一共有八件小工具，故称之为“蟹八件”。

吃蟹的时候，先把蟹放在小方桌上，用圆头剪刀逐一剪下两只大螯和八只蟹脚，将腰圆锤对着蟹壳四周轻轻敲打一圈，再以长柄斧劈开背壳和肚脐，之后拿钎、镊、叉、锤，或剔或夹或叉或敲，取出蟹黄蟹膏，再取出蟹肉，八件工具轮番使用，各有各的用处。

明朝人漕书最早发明蟹八件，主要是为了方便吃蟹。他也没有想到，蟹八件一经出世，就受到了人们的热烈追捧，已经从单纯的饮食享受变成了追逐风雅，蟹八件也因此成为吃蟹的重要仪式之一。

风雅归风雅，用蟹八件拆完一只完整的蟹至少得花费半个小时，对于现代人而言，蟹八件已经不太适合目前的饮食习惯，也逐渐从吃蟹的餐桌上消失了。

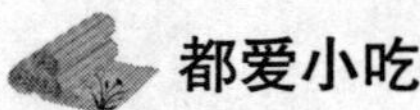

## 都爱小吃

除了生猛海鲜外，士大夫们对于小吃也颇有讲究，比如上文中提到的乳酪，在明朝已经成为很多士大夫的最爱。

张岱甚至为了制作乳酪，专门养了一头牛，晚上挤出新鲜牛乳，在盆中放置一夜，等到天亮，牛乳表面结起了厚厚的奶皮，质地近乎现在看到的奶油。然后再从中取出一些牛乳，放在一口小铜锅中煮到沸腾，奶香四溢。

而剩余的牛乳，张岱也想了各种法子来烹调，或是用酒放到锅里去蒸，蒸成热气腾腾的醴酪，或是拌入豆粉，过滤成豆腐形状，或是把奶油拿来煎成酥，做乳饼，或是用盐进行腌制，或是加醋调制，没有一样不好吃的。

> 余自豢一牛，夜取乳置盆盎，比晓，乳花簇起尺许，用铜铛煮之，瀹兰雪汁，乳斤和汁四瓯，百沸之。玉液珠胶，雪腴霜腻，吹气胜兰，沁人肺腑，自是天供。或用鹤觞花露入甑蒸之，以热妙；或用豆粉搀和，漉之成腐，以冷妙；或煎酥，或作皮，或缚饼，或酒凝，或盐腌，或醋捉，无不佳妙。
>
> ——［明］张岱《陶庵梦忆》

这其中，似乎只有置于酒或醋中的方法已经不再是现代社会的主流烹饪方法，其余制作奶酪酥或者奶酪饼，依然是现在人们喜欢的点心之一。

张岱所处的明末清初，尚且能有种类繁多的美食小吃，不由得让人忆起《清异录》中所谈的美妙市井小吃。

《清异录》中的“金陵七妙”，虽然都是一些常见的市井小吃，但是都有独到之处：

切碎捣烂的腌酸菜，均匀清洁得像镜子一样可以照出人面；

馄饨汤清得可以入砚磨墨；

饼薄得可以透过它看出下面的字；

饭煮得颗粒分明，柔韧有劲；

和好的面筋道得像裙带一样，打结也不断；

醋味醇美得可以当酒；

馓子嚼起来的清脆声可以惊动十里以内的人。

金陵士大夫渊薮，家家事鼎铛，有七妙：齑可照面，馄饨汤可注砚，饼可映字，饭可打擦擦台，湿面可穿结带，醋可作劝盏，寒具嚼着惊动十里人。

——［宋］陶谷《清异录》

做到像文中所说的这样，这些士大夫们还挺有口福的。

## 第三节
## 柴米油盐烟火气——平民饮食

跟现代的饮食习惯类似，在明代饮食习惯中，北方人以面食为主，南方人以米饭为主。在河南以北的地区，百姓一半的粮食是小麦，其余的稻米粗粮加起来才有一半。而到了西南和东南地区，种小麦的比例只有二十分之一。

而且在这些地方，小麦一般也不用作主食，磨面制成捻头、环饵、馒首，或作汤料之用。

四海之内，燕、秦、晋、豫、齐鲁诸道，民粒食，小麦居半，而黍、稷、稻、粱仅居半。西极川、云，东至闽、浙，吴、楚腹焉，方长六千里中种小麦者，二十分而一，磨面以为捻头、环饵、馒首、汤料之需，而饔飧不及焉。

——［明］宋应星《天工开物》

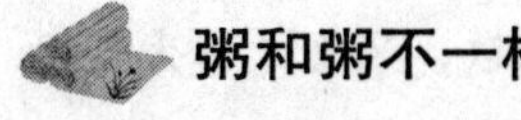

### 粥和粥不一样

一般来说，普通人家的饮食结构与现代还有几分相似之处。明朝人早饭也喝粥吃饼，就算是《金瓶梅》中的西门大官人，早上去庙里之前，也是吃由家人熬的粥、烙的饼。

锅儿是铁打的，也等慢慢儿的来，预备下熬的粥儿又不吃，忽剌八新兴出来要烙饼做汤。那个是肚里蛔虫！

——［明］兰陵笑笑生《金瓶梅》

相对于皇帝和达官贵人的早饭，米粥烙饼已经是极为普通的吃食，一般的家庭都还吃得起。家境稍微差一点的人家，可能一天三顿饭里吃粥的频率就会高一点，因为吃不起三顿干饭。

灾年时，穷苦人家凄惨到只能用榆树叶和榆树皮熬粥，而且只有部分种类的榆树皮能熬粥。

凡荒年民不得食，辄取榆树皮磨碎食之，自汉、唐已然。前汉天文志，河平元年，旱伤麦，民食榆皮。又隋大业中，民生计无遗，加之饥馑，始采树皮食之。又唐阳城家贫，屑榆作粥。但榆有二种，惟野榆可食，他种味苦，不可食也。

——［清］王应奎《柳南随笔》

为了混一口饭吃，这些底层人民靠出卖劳动力为生，但可能还是吃不到一碗干饭。在穷奢极欲的《金瓶梅》中，最后一次描写饮食，是一碗混有草籽的稻米再添加杂豆煮出的干饭，配菜是两盘菜加一包盐，这些食物并非发给贫困户的，而是给干体力活的挑河汉子的。

那老婆婆炕上柴灶，登时做出一大锅稗稻插豆子干饭，又切了两大盘生菜，撮上一包盐，只见几个汉子，都蓬头精腿，裈裤裤兜裆，脚上黄泥，进来放下锹镢，便问道："老娘有饭也未？"婆婆道："你每自去盛吃。"

——［明］兰陵笑笑生《金瓶梅》

崇祯皇帝的一顿早餐要耗费无数人力物力的同时，这些底层挑河汉子只能以稗稻插豆子干饭就着菜和盐吃。对比之下，底层劳动人民的生活已经不仅仅是悲惨了。

一些士大夫却将米粥作为调剂口味的食物，在米粥的基础上做出了各种花样。明人高濂《遵生八笺》的“粥糜类”一节共收入了38种粥糜的制作之法：

芡实粥、莲子粥、竹叶粥、蔓菁粥、牛乳粥、甘蔗粥、山药粥、枸杞粥、紫苏粥、地黄粥、胡麻粥、山栗粥、菊苗粥、杞叶粥、薏苡粥、沙谷米粥、芜蒌粥、梅粥、茶粥、河祇粥、山药粥、羊肾粥、麋角粥、鹿肾粥、猪肾粥、羊肉粥、扁豆粥、茯苓粥、苏麻粥、竹沥粥、门冬粥、萝卜粥、百合粥、仙人粥、山茱萸粥、乳粥、枸杞子粥、肉米粥、绿豆粥、口数粥。

——［明］高濂《遵生八笺》

这其中有士大夫用来标榜自身气节的粥，比如菊苗粥。菊自陶渊明始，历来都是君子的象征。菊苗粥的主材菊苗是甘菊的嫩叶，用来煮粥有一种独特的香味，有一点类似薄荷的清凉味。现在南方诸省还有菊花脑的吃法，其中尤以南京人对菊花脑爱得深沉，大概一方水土养一方人，只有在南京生长的菊花脑才有南京人想要的清香。

也有普通百姓用于食疗的粥，比如神仙粥。这道粥的食材就很简单，只要有糯米、葱白和生姜就可以了。将糯米洗净，加适量水煮成稀粥，再加入葱白、生姜片共煮5分钟，然后加入米醋搅匀。趁热服下后，盖上被子发汗，对感冒有一定的疗效。在每年流感发生时，普通百姓都会把神仙粥作为治疗头疼脑热的药方之一。

神仙粥方，专治感冒风寒暑湿之邪，并四时疫气流行，头痛、骨痛、发热、恶寒等症。

——［明］李诩《戒庵老人漫笔·卷三》

在明朝，也诞生了专门用于治病的粥方，朱元璋的第五个儿子朱橚还带着滕硕、刘醇等人编出来一本《普济方》，其中药粥就有180方，之中不乏一些沿用至今的方子，比如用于治疗腰脚疼痛的梅实仁粥，用粳米做粥，半熟时放入乌梅核仁，搅匀煮熟后空腹食用。

延续到清朝，黄云鹄所著的《粥谱》所收载的粥方已经达到了247个，成为我国目前记载粥方最多的资料，在《遵生八笺》的基础上又新增了不少做粥的方法和用途。

## 量大就好

虽然普通百姓有的时候也会落魄到吃不起干饭，但这并不是常态，正常情况下，老百姓想吃口肉的需求还是可以得到满足的。

### 不是羊肉不好吃，实在是量太少

明朝的人口有多少呢？根据《明实录》记载，洪武十四年（1381年）的人口总数是5 987万，成化十五年（1479年）为7 185万，如此之多的人口对于肉类的供应压力是很大的。这个时候，人们需要的是饲养周期短、出栏率高、饲养成本低的牲畜。

比如养羊，就需要给羊提供大量高纤维的草料植物，单是买草料已经是一笔很大的开支，而且羊一天不吃可能就会饿死，按照《补农书》中养11只羊来计算，每年要吃叶草15 000多斤。需花钱买饲料，对于靠养羊为生的家庭，是一笔不菲的开销。

胡羊不可一日缺食。冬饥一日，夏必死；夏饥一日，冬必死。右羊十一只，每日吃叶草四十斤，每年共计一万五千余斤，除自叶不算外（自叶抵小羊食）买枯叶七千斤。六月内长安人来，预撮叶价每千斤三钱之外，冬天去载，计七千斤约价三两。买羊草七千斤，七月内崇桐路上买，算除泥块，约价四钱，七千斤亦该三两。

——［明］张履祥《补农书》

但猪就不一样了，首先它对饲料的要求低，如通常所知就算用残羹剩菜和其他剩余农副产品来饲养，一个家庭每年也可以做到养一两头猪，这一两头猪就可以为整个家庭提供不少的肉类了。

而且猪还是把碳水化合物转化为蛋白质和脂肪效率最高的动物之一，可以高效地为人类提供肉食。按明朝浙江嘉兴府的记载，“肉猪一年饲养两槽，一头肉猪饲养六个月可得白肉九十斤”，养六个月就可以有九十斤的肉，这比养羊可划算多了。一只羊就算养大了，也不过才能出肉五六十斤，只能算是半头猪。

另外，猪的繁育速度也远远超过羊。猪每胎产仔约十头，而羊每胎产仔约两只，猪不仅在重量方面碾压羊，在数量方面也完胜。

在明朝如此之多的吃肉需求下，猪无疑是平民百姓最适合食用的牲畜。

## 明朝人对猪肉是真爱，研究出了三十三种料理方法

至于怎么料理猪肉，似乎古往今来的方法都差不多，不是做腊肉就是做火腿，看来这几种方法确实比较对中国人的胃口。

明朝的火腿被称为火肉，也是先给猪腿做个“按摩”，把盐揉到肉里，然后放入大缸，用重物压住，放置一段时间之后，用烟熏，再水洗之后，吊起来挂着晾干就行；腊肉也是类似，只不过需要先将猪肉进行分块，加入盐、

料酒、花椒等调味品，再用重物压住，然后挂在通风处晾干。

也有把猪肉做得十分精致的，比如宋诩在《竹屿山房杂部》中列举了三十三种烹饪猪肉的方法：烹猪、蒸猪、盐酒烧猪、盐酒烹猪、燃猪、盐煎猪、酱煎猪、酱烹猪、酒烹猪、酸烹猪、猪肉饼、油煎猪、油烧猪、酱烧猪、清烧猪、蒜烧猪、藏蒸猪、藏煎猪、火猪肉、风结肉、冻猪肉、和糁蒸猪、和粉煎猪、盐猪羓等。

光看这些名字就让人胃口大开了，可见明朝人对猪肉是真爱啊，吃猪肉的花样一点都不比喝粥的花样少。

在深宫大院，皇家贵族还是能吃得起羊肉的，毕竟一份烤羊肉对于冬天来说，就是最好的慰藉了。下雪天，皇帝能享受的待遇就是一边坐在暖室里慢慢听雪落下的声音，一边吃烤羊肉和羊肉包。

> 凡遇雪，则暖室赏梅，吃炙羊肉、羊肉包、浑酒、牛乳。
>
> ——［明］刘若愚《酌中志》

## 太狠了，连黄鼠都被吃成了珍稀动物

除了常见的猪肉和羊肉，北方还有一种南方少见的肉类，那就是黄鼠。

黄鼠又名礼鼠、拱鼠、地松鼠，是我国北部干旱草原和半荒漠草原的松鼠科动物，最早也自由自在地生活在辽阔的大草原上，直到被发现做成食物太美味了。很快，明朝人就发现大同、宣府等地都盛产黄鼠，这一下黄鼠可遭了殃了。

黄鼠万万没想到，自己已经如此不起眼了，平时靠吃草度日，竟然还能被列入食谱，而一旦被列入食谱，那就能把黄鼠从泛滥吃到濒危。

根据《饮膳正要》的记载，黄鼠“味甘，平，无毒”，李时珍又在《本草纲目》中进一步肯定了黄鼠的药物作用，称其可以解毒止痛。

气味甘，平，无毒。主治润肺生津，煎膏贴疮肿，解毒止痛。

——［明］李时珍《本草纲目·兽部·黄鼠》

在这里必须说的是，古人的环境不同于现在。今天黄鼠是重要的鼠疫传染源携带者。同时，我们必须遵守有关野生动物的法律和规定。这里只是介绍明朝人的生活而已。

黄鼠的烹饪方法也比较简单，原汁原味的吃法就是将黄鼠切成小块，用水泡出血水之后放入锅中蒸制。

再复杂一点的吃法，就是用辣椒、盐等佐料对肉进行腌制，用面糊将肉包裹好了之后，再放到火上去烤。

在明朝人发现黄鼠的食用价值之后，甚至一度因为大肆捕捉，把黄鼠都逼成了珍稀物种。明代三大才子之一的徐渭还曾经借黄鼠之名来哀叹造物弄人，说来也是，小小的黄鼠身上本来就没有几两肉，还要因为人们捕捉被逼得四处逃窜。

幸不为残啮，何由冒劣名。庖厨穷口腹，天地窘生成。

浅草遮人拙，深膏傍烛明。断齑吾自分，食肉任干城。

——［明］徐渭《黄鼠》

## “豪华版佛跳墙”是什么样子

相对来说，南方人是比较幸福的，有水的地方就有鱼，不管是鲤鱼、鲫鱼、鲢鱼、鳜鱼，都是人们的心头好。这里想说说河豚，看看明朝人如何捉河豚。在说之前，必须先明确一点，李时珍有言：河豚有大毒，味虽珍美，修治失法，食之杀人。切记！切记！对河豚的食用争议仍然很大。

吃河豚，可以说是一次口腹的冒险。执着的人在吃河豚的路上已经跌跌

撞撞了上千年。

历史上最后一位宰相胡惟庸被大家戏称为“河豚宰相”。相传当年明朝开国功臣李善长喜食河豚，而胡惟庸因烹得一手出色的河豚而被李善长重用，由此发迹。

这种传闻当然有空穴来风的嫌疑，但也从侧面反映出来，有的人对于这种行为的态度已经不是贪吃可以形容的了。

河豚身体的很多部分有剧毒。河豚脾气很大，一不对劲就“怒发冲冠”，肚子胀得圆鼓鼓浮上水面。明朝人发现它还有一种习性，就是喜爱五色彩绳。所以有经验的渔民就借助河豚的这两种习性，先在彩绳上拴鱼钩，诱使河豚靠近彩绳，鱼钩刚碰到河豚的皮肤，河豚就勃然大怒，肚子气得鼓鼓的，肚皮朝上漂浮于水面，然后渔民就是手到擒来。

河豚形丑而性易怒，顾独爱五色彩缕。渔者系彩缕以钩，沉数十丈之下，豚见缕，辄绳趋之，钩才着皮，辄勃然怒，腹膨胀反白，上浮水面矣，捕者手拾而掷船中。

——《直省治书·江宁府》

可对于深宫内院的皇帝来说，喜欢的吃食可比佛跳墙复杂多了，毕竟佛跳墙是源于民间的一道美食，而皇帝的豪华版海鲜大杂烩可是精心设计过的。明熹宗最喜欢吃的就是把海参、鳆鱼、鲨鱼筋、肥鸡、猪蹄筋一块烩成一道菜，比起来民间的佛跳墙来说，这称得上“豪华版佛跳墙”，又或者说民脂民膏。

除了这些之外，明熹宗还喜欢吃炙蛤蜊、炒鲜虾、田鸡腿、笋鸡脯。这几道菜，光看名字就知道多油腻了，而明熹宗竟然能很多年都对这几道大菜保持喜欢，也真的是不怕血脂过高。

先帝最喜用炙蛤蜊、炒鲜虾、田鸡腿及笋鸡脯，又海参、鳆鱼、鲨鱼筋、肥鸡、猪蹄筋共烩一处，恒喜用焉。

——［明］刘若愚《酌中志》

不管北方还是南方，普通人家在太平时节还能勉强度日，赶上天灾人祸，难免会为柴米油盐感到烦恼。可悲的是，皇帝是很少能体会到老百姓的难处的。

# 第四节
# 茶酒饮料样样俱全

茶是中国传统文化的重要组成部分。茶属于家中常备之物，明朝也不例外。在日常的人情往来和正式待客中，茶水出现的场合要远远多于酒。只有感情深厚或者远道而来的客人，主人家才用酒来招待，这一点似乎跟现代社会比较接近。

## 明朝怎么喝茶，皇帝说了算

在明朝以前，中国人玩茶那是玩出花了，一杯小小的茶水能见识达官贵人的种种穷奢极欲。宋朝人炒制茶叶之后不直接喝，而是压成饼或团，上面又印上图案，被称作龙团。这么贵的玩意儿是专门拿来进献给皇上的，民间基本见不到。

蜡茶最贵，而制作亦不凡。择上等嫩芽，细碾，入罗，杂脑子诸香膏油，调剂如法，印作饼子。制样任巧，候干，仍以香膏油润饰之。其制，有大小龙团、带胯之异。此品惟充贡献，民间罕见之。始于宋丁晋公，成于蔡端明间，有他造者，色香味俱不及。

——［元］王祯《农书》

这么贵的龙团其中有多少利润，不动脑子也能想得出来，所以官员们为了谋取个人利益，很多都巧立名目，榨取劳动人民的劳动成果。

加上这些茶饼的制作工艺烦琐，十分耗费人力、物力。“不当家不知制茶贵”，官员们有得赚，劳动人民却遭了殃，所以当时的茶农还是很苦的。

到了明朝，开国皇帝朱元璋可没有沾染这些，他本身就是“大老粗”出身，早就看不惯这些巧立名目的玩意儿，所以干脆下旨要求以后喝茶别搞这些猫腻，喝茶就是喝茶，把水烧开了，浇在茶叶上，就完事儿！

朱元璋担心好不容易才打下来的天下，因为这些穷奢极欲的东西而毁掉。于是皇帝一声令下，延续了好几代的斗茶文化就宣告终结，转而改成了简单的壶泡法和撮泡法。壶泡法直接把茶叶放到瓷瓶里，稍微用火加热沸腾，当茶水的颜色变成淡金色，香味最为清淡可口，超过了这个火候，茶水的颜色就会偏红，味道也就不算最佳了。

以佳茗入磁瓶火煎，酌量火候，以数沸蟹眼为节，如淡金黄色，香味清馥，过此而色赤不佳矣！

——［明］陈师《茶考》

撮泡法就更加简单了，连茶壶都用不上，直接在茶杯里放上茶叶，然后将热水注入茶杯，更加类似现代人喝茶的方法，简单快速。但对于明朝人来说，撮泡法有两个劣势：首先，茶叶的味道不一定能全部泡出来；其次，泡一次就没办法再用了，有点浪费。

杭俗烹茶，用细茗置茶瓯，以沸汤点之，名为撮泡。北客多哂之，予亦不满。一则味不尽出，一则泡一次而不用，亦费而可惜，殊失古人蟹眼、鹧鸪斑之意。

——［明］陈师《茶考》

现代人喝下午茶，总要配上几块精致的小点心。在明朝也是一样，有的人喜欢喝茶的时候配上一点腌制的水果小菜，但这种吃法不被喝茶专家们认可，比如熏梅、咸笋、腌桂、樱桃之类的小菜果脯尤其不适合在喝茶时食用，不仅不能品到茶叶本来的味道，还可能有其他影响。

况杂以他果，亦有不相人者。味平淡者差可，如熏梅、咸笋、腌桂、樱桃之类尤不相宜。盖咸能入肾。引茶入肾经消肾，此本草所载，又岂独失茶真味哉。

——［明］陈师《茶考》

其实名人雅士们也找不到什么好的零食用来下茶，也不过是一些瓜子、炒豆、橘子、柚子、山楂、梨子之类的吃食，比起现在甜品店里各式各样的小点心可能是逊色了，但有这些小零食，名人雅士们就有心思来品一品茶了。

迩者择有胜地，复举汤盟，水符递自玉泉，茗战争来兰雪，瓜子炒豆，何须瑞草桥边，桔柚查梨，出自促山圃内，八功德水，无过甘滑香洁清凉。

——［明］张岱《斗茶檄》

不管是壶泡还是撮泡，明朝喝茶的方法较宋、元时期已经简单了不止一倍，而且聚焦在茶叶本身的味道，而不是喝茶时的各种繁文缛节。如果在太平盛世，斗茶自然是一种文人雅趣。但在封建社会，朝代不断更迭，“兴，百姓苦；亡，百姓苦”，所以朱元璋的做法也无可厚非。

喝茶是中国人沿袭已久的饮食习惯，因此，转为简单的喝茶方法之后，连专门卖茶的生意人都多了起来。明朝的茶馆又叫茶肆、茶坊、茶摊、茶铺，在明朝中后期已经遍地开花，《儒林外史》中的马二先生去城隍山上逛街的时候，一条街上卖茶的小摊就有三十多处，非常热闹。

庙门口摆的是茶桌子。这一条街，单是卖茶就有三十多处，十分热闹。

——［清］吴敬梓《儒林外史》

所以普通百姓根本不用担心出去没地方喝茶，在街头巷尾就能找到喝茶的地方，很多小茶摊支几张凳子，摆上几个粗茶碗就可以开张了。有手艺的人再摆上点瓜子、炒豆什么的，就能养活一家人了，跟老北京的大碗茶颇有几分相似之处。

虽然从明朝中期开始，茶馆已逐渐普遍，但对于明朝人来说，喝酒还是比喝茶要爽，所以一般城市里，酒馆的数量也比茶馆要多。《如梦录》列举了十几家酒馆，茶店却只有四家左右：三皇庙附近有一茶庵，相国寺附近有茶店、茶馆、茶庵各一，看来酒馆还是较茶店更具普遍性。

## 给皇家酒起名字是大学问

明朝人对酒水质量的要求也相当高，从皇宫到普通百姓，都能酿得一手好酒。

皇宫就不多说了，自有御酒房、御茶房的官员专门负责酿酒，酿出来的种类单看名字就知道不是凡品，什么秋露白、荷花蕊、佛手汤、桂花酝，胸中没几两墨水，都想不出来这样的名字。

明朝天启年间，皇帝家的御膳主要是由王体乾、魏忠贤、李永贞、客氏四家轮流办理，这其中自然少不了酒水的一席之地，单单是四家雇用的厨役就达到了数百人，而且其中还有不少厨子是从宫外聘来的，所做饭菜比宫里可要强多了。

大家可能看到了两个熟悉的名字，那就是魏忠贤和客氏。这两位可是明熹宗时期出了名的奸臣贼子，不管是在把持朝政还是安排皇帝饮食方面，都是出了名的专横跋扈。在酒水方面，连专业的厨师也不如客氏，御酒房所进的御酒不过是摆设而已，是用来让皇帝赏赐给臣子的，其中就包括了荷花蕊、寒潭香、秋露白这些御酒房所酿的酒。

办御膳者四家，王体乾、魏忠贤、李永贞、客氏也，客氏所进，圣心尤甘之。宫中称老太家膳，其大膳房所进，膳御酒房所造酒，以为具文备。钦赐而已，炒鲜虾人参笋上所嗜，荷花蕊、寒潭香、秋露白皆御酒房酒名。

——［明］陈悰《天启宫词》

明熹宗作为明朝历史上的奇葩皇帝之一，除了爱好木工之外，本身就是好酒之徒，他喜欢的酒水种类林林总总加起来有七十多种，比如佛手汤、桂花酝、菊花浆、芙蓉液、君子汤、兰花饮、金盆露等。醉心饮酒玩乐而荒废朝政，也让明朝迅速走向了衰败。

## 还得喝“精酿”

明代酒的品类相当丰富，按照其酿造者的不同，可以分为下面四种：

一是大内酒，指酒醋面局、御酒房等所监酿的酒；

二是内法酒，指光禄寺按照大内之方所酿造的酒；

三是士大夫家的家酿，是由士大夫自家酒坊所酿造的酒；

四是普通的民间市肆酿的酒。

除了御酒坊专门给皇帝酿酒之外，宫内还有光禄寺管辖的良酝署负责酿酒，这是专门负责宫内饮食的机构，所采用的配方也不外乎于糯米、豆子、酒曲等物。

酿酒的原料和方法并不是什么绝密，所以士大夫自己也开始动手酿酒了，毕竟市场上批量生产的酒味道不怎么样，只适合“贩夫走卒畅饮”。

不得不说，文化人酿酒也不逊色，这些士大夫不仅成功掌握了制作乙醇类饮品的方法，还做出了品牌，比如士大夫王虚窗的真一，徐启东的凤泉，乌龙潭朱氏的荷花，王澄宇的露华清，施凤鸣的靠壁清，这几种酒都是当时士大夫酿出来的名酒。

庆历间，士大夫家间有开局造酒者，前此如王虚窗之真一，徐启东之凤泉，乌龙潭朱氏之荷花，王藩幕澄宇之露华清，施太学凤鸣之靠壁清，皆名佳酝。近日益多造者，且善自标置，如齐伯修王孙之芙蓉露，吴远庵太学之玉膏，赵鹿岩县尉之浸米，白心麓之石乳，马兰屿之瑶酥，武上舍之仙杏，潘锺阳之上尊，胡养初之仓泉，周似凤之玉液，张云冶之玉华，黄瞻云之松醪，蒋我涵之琼珠，朱葵赤之兰英，陈拨柴之银光，陈印麓之金英，班嘉佑之蒲桃，仲仰泉之伯梁露，张一鹗之珍珠露，孟毓醇之郁金香，何丕显之玄酒，徐公子之翠涛，内府之八功泉，香铺营之玄璧。又有号菊英者、兰花者、仙掌露者、金盘露者、蔷薇露者、荷盘露者、金茎露者、竹叶清者，大概以色味香名之，多为冠绝。于是市买所酤，仅以供闾阎轰饮之用，而学士大夫，无复有索而酤之者矣。

——[明]顾起元《客座赘语》

千万别以为士大夫酿出来的这些酒都是互相吹捧出来的，这其中大部分是叫好又叫座的佳酿，比如上文中提到的靠壁清，就深得才子王世贞的喜欢，他在《酒品前后二十绝》的序中写道："靠壁清白酒，出自家乡，以草药酿成者，斗米得三十瓿。瓿置壁前，一月后出之，味极鲜冽甘美。"

意思是说，家乡的靠壁清是用草药酿成的，一斗米才能得三十瓿，一个月之后酿成，味道极其甘美，而且他还在诗中描述了靠壁清的酿造特点。

酒母啾啾怨夜阑，朝来玉液已堪抟。黄鸡紫蟹仍肥美，与汝相将保岁寒。

——[明]王世贞《酒品前后·酒母啾啾怨夜阑》

其实靠壁清就是现在的糯米酒，度数比较低，酒味甜，呈乳白色，所以王世贞才会称赞靠壁清鲜冽甘美。

明朝《崇祯太仓州志》曾经专门为靠壁清做过注释："靠壁清即今十月白，因十月造，故名。"即靠壁清即是十月白，又称冬酿酒，因为主要是在十月份酿造，所以又称之为十月白，与其相类似的还有秋露白、杜茅柴、竹叶清等，都是当时大家喜欢的酒类饮品。

乡田人家以草药酿酒，谓之"冬酿酒"。有秋露白、杜茅柴、靠壁清、竹叶清诸名。十月造者，名"十月白"。

——［清］顾禄《清嘉录》

## 李时珍也是乳制品爱好者

除了酒水茶饮之外，最受大家喜欢的可能就是乳制品了。上文中，我们曾经提到张岱专门养了一头牛来制作乳制品，民间美食家如此，高居庙堂的皇帝也逃不过乳制品的诱惑。

比如明成祖绝对就是个喜欢乳制品的皇帝。他在位时，就在河州专门设置了采购酥油的人，一直到明宣宗时期，可能这位皇帝对乳制品没什么爱好，或者皇帝家也没余粮了，才把这些人给撤了。

宣宗时，罢永乐中河州官买乳牛造上供酥油者，以其牛给屯军。

——《明史》

当皇帝有了某项爱好，那底下的办事人员当然是无所不用其极地讨皇帝欢心，有的时候连一省的巡抚大人都看不过去了。罗明在明孝宗时期曾经任甘肃巡抚，作为一省的封疆大吏，对于这种蝇营狗苟的事情当然了然于心，

在他任期之内，他向皇帝进言说：边关将领和朝中的按察使等官员相互勾结，给皇家送礼，他们派人到边塞搜寻地方土特产，名义上称为采办，实际上克扣将士口粮，抬高军马价格，有人还索取猎狗、良马和奇珍异宝。除此之外，他们还设立乳制品作坊，命一些厨子做酥油等，然后再从边塞起运回京，沿途骚扰官府百姓，百姓期盼皇上罢免他们。

甘肃巡抚罗明言：镇守、分守内外官竞尚贡献，各遣使属边卫搜方物，名曰采办，实扣军士月粮马价，或巧取番人犬马奇珍。且设膳乳诸房，佥厨役造酥油诸物。比及起运，沿途骚扰，乞悉罢之。

——《明史》

罗明作为一省巡抚，做的这件事情当然是大快人心，也从侧面反映了皇家对乳制品的喜欢程度。乳制品已经可以作为贡品向皇帝进贡了，那皇帝对乳制品自然是另眼相看。

不仅是皇帝贪食乳制品，李时珍也在《本草纲目》用很多篇幅描述了牛奶、羊奶、马奶、驼奶等乳制品，为了向人们宣传各种乳制品，李时珍还总结了奶酪、奶酥、醍醐、乳腐、乳团、乳线等乳制品的制作方法，不仅如此，还跨界做了一首七律来称赞乳制品的种种好处。

仙家酒、仙家酒，两个葫芦盛一斗。
五行酿出真醍醐，不离人间处处有。
丹田若是干涸时，咽下重楼润枯朽。
清晨能饮一升余，返老还童天地久。

——［明］李时珍《服乳歌》

## 明朝的汤品快跟奶茶店差不多了

在明朝，汤并不仅仅是现在语义中的汤，现在的只是各种菜肴的一品，而明朝的汤则是指各式各样的饮料。

在高濂所著的《遵生八笺》中,《汤品类》中列出了三十二种汤品,分别是:青脆梅汤、黄梅汤、凤池汤、橘汤、杏汤、茴香汤、梅苏汤、天香汤、暗香汤、须问汤、杏酪汤、凤髓汤、醍醐汤、水芝汤、茉莉汤、香橙汤、橄榄汤、豆蔻汤、解酲汤、木瓜汤、无尘汤、绿云汤、柏叶汤、三妙汤、干荔枝汤、清韵汤、橙汤、桂花汤、洞庭汤、参麦汤、绿豆汤。

看看这些熟悉的名字，基本快跟现在奶茶店里的品类接近了。夏天来碗青脆梅汤、黄梅汤、茉莉汤、香橙汤，清凉爽口；冬天来碗豆蔻汤、桂花汤、参麦汤，寒冷的冬天似乎也变得温暖一些了。

从《遵生八笺》的记载来看，明朝的汤品还是相当全面的，其中的很多品类已经接近现代人的口味，也成为当时人们生活中不可或缺的调剂品。

# 第二章　到明朝，你可能连穿衣服都不懂

# 第一节 穿错衣服会被判刑——等级制度

现代人已经对穿着不太讲究了，即使是在职场上，大家似乎也不像八九十年代的人们一样西装革履了，只要你愿意，甚至可以完全没有穿搭可言，一切以舒适为主，怎么舒服怎么来。就算你天天穿着一身卫衣牛仔裤到处晃也可以，只需要在乎舒服不舒服，完全不用在乎正式不正式。

不信你可以看一看年轻人较多的公司里，十个人中有九个人穿运动裤，穿高跟鞋的女同志都很少了，基本上都是运动鞋，甚至有人在公司里也穿着拖鞋晃来晃去。

穿衣风格改变背后的主要原因是，人们越来越想让自己舒服，工作本来就很累了，就不要在穿衣上折磨自己了。

可是在明朝，穿衣打扮可是件大事儿，如果衣服穿错了，轻则可能会招来牢狱之灾，在衙门里挨一顿杖责，重则连小命都搭上了。因为明朝的服饰可不单单是遮体取暖的，也是社会身份的象征。

## 开国皇帝重农抑商

经过元末明初的战乱，出身贫寒的朱元璋认为农业的发展对于一朝兴盛至关重要，所以制定了一系列减免税收的政策，荒地归开垦者所有，大力促

进农业发展。他在开国初期，曾经把多个地方没有耕地的农户迁徙到别的地方开荒，而且还给农户牛、种子、车和粮食作为资助。

明初，当徙苏、松、嘉、湖、杭民之无田者四千余户，往耕临濠，给牛、种、车、粮，以资遣之，三年不征其税。

——《明史》

除此之外，朱元璋不遗余力地抑制商人群体的发展。其实这也不是朱元璋故意搞职业歧视，主要是商人这个群体在封建社会的种种行径实在不讨人喜欢。

首先，商人主要靠经商贸易来获取财富，流动性比较强，不利于明朝初期的社会稳定，朝廷也没有精力和能力对其进行有效管理。

其次，商人在四处奔走的时候，朝廷想从这些商人身上收点税都找不到人，所以在朝廷官员眼里，商人形象不佳。

最后一点是朱元璋在当皇帝之前的印象。商人们在获得大量的财富之后往往会大量购买土地来置办产业，这就造成了土地兼并，最终导致农民流离失所，动摇了整个社会的农业发展根基。

所以在明初朱元璋时期，社会上四民的顺序为“士农工商”，也就是说，商人的地位排在主要社会阶层的末端，充其量只比奴婢的地位稍高一等。即便沈万三这样能跟皇帝说上几句话的人，也只能算作出身低贱之人，更别提社会上其他走街串巷的小商贩了。

更重要的是，走在大街上根本就不用特别辨认商人，只看他们穿的衣服，就知道谁是商人了。

比如从服饰面料来看，王公贵族能享用的面料最多，可以用锦绣、纻丝、绫罗等做衣服。一般的普通百姓能用绸、纱制作衣服，而商人连绸、素纱都不能用，只能用绢、布。

这就好办了，走在大街上，看谁穿的是绢、布做的衣服，那他可能就是商人了。

禁止商人使用名贵面料的另外一个原因是，皇帝也希望通过限制商人这类高收入群体的穿衣风格，来培养全社会节俭的社会风气。明朝初期的经济发展比较落后，如果商人这类群体带头穿金戴银，那么大家肯定会跟风而上，就无法积累社会财富来发展农业和军事了。

## 连穿什么都管

历朝皇帝搞出来各种各样的规章制度，其根本都是为了维护壁垒森严的等级制度，这一点符合常理，毕竟当上皇帝不容易，肯定是要维护一下封建统治者的地位。

但朱元璋管得尤其宽，他不仅对各个社会阶层的行为做出了严格的规定，而且对于官员和平民百姓的穿着做出了严格的规定。

唉，在明朝生活真的好难，不但日常要三思而后行，连穿个衣服都要好好想一想能不能这么穿。

朱元璋主要从面料、样式、尺寸、颜色四个方面，确立了一系列复杂的服饰制度，某一个社会阶层的人，都只能穿本阶层的服饰，不能跟其他社会阶层混着穿，更不能僭越，要不然就要受到责罚。

按照他编订的服饰规则，要求可太多了。拿衣冠为例，明朝的士民要束发。官员则要戴乌纱帽，穿圆领袍，腰束带，穿黑色靴子。普通老百姓要戴四带巾，穿杂色盘领衣，不能用玄黄一类的颜色。再低一等级的乐妓则要戴名角冠子，穿着打扮不能与良家妇女混淆。

衣服面料方面，一品、二品官用杂色文绮、绫罗、彩绣，帽顶、帽珠用玉；三品至五品官，用杂色文绮、绫罗，帽顶用金，帽珠除玉外其他可以随意使用；六品至九品官，用杂色文绮、绫罗，帽顶用银，帽珠用玛瑙、水晶、香木。

老百姓穿衣服绝对不能用金绣、绫罗、锦绮、纻丝这些高级货，只能用绸、绢、纱、布，颜色不许用大红、鸦青、黄色。巾环不许用金、玉、玛瑙、珊瑚、琥珀等作为饰物，连穿鞋子也不能裁制各种花样，当然也不能用金线装饰。

首饰方面，朱元璋一点都不尊重女性爱美的心思。在他眼里，只有皇宫后妃、命妇可以用金、玉，普通女性连戴首饰的权利都没有。

最开始，普通人家的女子还可以用黄金和珍珠妆点耳环，钏、镯等其他首饰上多多少少还可以带点银，或者在银上镀金。到了后来，百姓家的女子首饰只能用银，其他的黄金、珍珠都一概不能用了。

在官员和普通老百姓之外，还有更低一级的乐工、优伶。朱元璋认为元朝人跟乐工、优伶一起饮酒唱歌，不从事社会生产，最后才导致了元朝的灭亡，所以咱们的这位开国皇帝对于这些人一点都不客气，可以说是一听到乐工、优伶就烦，甚至一度命令士兵把在大街上唱歌饮酒的乐工、优伶吊死在高楼上。

元时，人多恒舞酣歌，不事生产。明太祖于中街立高楼，令卒侦望其上，闻有弦歌饮博者，即缚至，倒悬楼上，饮水三日而死。

——［清］李光地《榕村语录》

作为社会底层的群体，乐工、优伶的衣服连普通老百姓都不如。乐工只能戴青色头巾，系红色和绿色的帛带。妓者只能戴皂色的帽子，身穿皂色褙子（当时衣服的一种），出入都不许穿华丽的衣服。

这对于从事文艺工作的乐工、优伶其实打击是相当大的。本来这些人就是靠穿得好看、唱得好听来谋生，朱元璋直接把人饭碗给砸了，这不仅是管得宽，而且也有点太狠了。

甚至为了确保自己费尽心思想出来的这些律令能够一直执行下去，朱元璋对违反穿着规定的处罚都是相当严格的。

所有普通百姓的住所、器皿、服色、首饰之类的东西都不能僭分，如果应该用银的地方用了金子，本来该用布绢的地方用了绫锦、纻丝、纱罗，房舍栋梁不应该用彩色的地方用了彩色，不应该用金子装饰的地方用了金子装饰，睡觉的床或者船只不应该用彩色的地方用了彩色，都算是僭分，如果被官府追究起来，不仅东西的主人会被判为重罪，就连制作东西的工匠也会被判重罪。

民有不安分者，僭用居处、器皿、服色、首饰之类，以致祸生远近，有不可逃者。诰至，一切臣民所用居处、器皿、服色、首饰之类，毋得僭分。敢有违者，用银而用金，本用布绢而用绫锦丝纱罗，房舍栋梁不应彩色而彩色，不应金饰而金饰；民之寝床船只不应彩色而彩色，不应金饰而金饰，民床毋敢有暖阁而雕镂者，违诰而为之，事发到官，工技之人与物主各坐以重罪。

——［明］朱元璋《御制大诰续编》

## 张居正都开始爱美了，那还等什么

其实，朱元璋的严刑重典注定推行不了几代人。人们生活水平提高之后，自然而然就会想在衣食住行上多花点钱。如果普通百姓赚了钱却花不出去，那大家更没有什么赚钱的动力了。

明朝末年，商品经济的发展让人们对于穿着打扮的标准也提高了，人们不再满足于前些年单调的服装色彩和样式，而是想要穿着美美的衣服出去逛街。在这其中，最先富起来的商人阶层冲在了最前面，主要还是因为有钱，所以有时间和原材料去制作更加漂亮的衣服。

以明朝中后期一度在京城流行起来的马尾裙为例，这是一种类似于现在蓬蓬裙的服装，由于马尾材质比较硬，所以这种裙子穿上之后就像一把撑开的伞。男性一般穿上之后，外面再穿衬衣及外袍；女性呢，则是在马尾裙外面再罩长裙。

这种类似于蓬蓬裙的马尾裙明显是不符合朱元璋的规定的。不管普通百姓还是达官贵人，大家都穿这种流行的裙子之后，就没有办法分清楚尊卑高低了，这岂不是乱套了。但对于被各种制度限制了很多年的大明人来说，马尾裙这种东西似乎正好迎合了他们内心对于解放服装的渴望。

马尾裙在当时只有富商、花花公子、歌姬等穿得起，这几类人不管在任何朝代都属于引领时尚的“关键意见领袖”。先不管这马尾裙好看不好看吧，反正这些人的带货效应是不错。

很快，朝廷里的武将们也开始跟风穿马尾裙。紧接着，这条产业链上的其他玩家也陆续跟进了，北京城里开始有人专门制作、销售马尾裙了。根据经济学的基本知识，供给的增加进一步刺激了需求，不管是普通人还是当官的，大家都开始赶时髦穿起了马尾裙。

到了成化末年，紫禁城内外，满眼都是穿马尾裙的文武大臣。其中，身为内阁大学士的万安，一年四季不管冷热都是马尾裙不离身；官至礼部尚书的周洪谟还喜欢重叠地系上两层裙，可能会让蓬蓬裙的蓬松效果更加明显一点；年轻一点的贵族还玩出了新花样，他们在马尾裙内绷上弓弦，使其外形更加整齐。

初服者惟富商、贵公子、歌妓而已。以后武臣多服之，京师始有织卖者，于是无贵无贱，服者日盛。至成化末年，朝臣多服之者矣。大抵服者下体虚奢，取观美耳。阁老万公安，冬夏不脱；宗伯周公洪谟，重服二腰；年幼侯伯、驸马，至有以弓弦贯其齐者。大臣不服者，惟黎吏侍淳一人而已。此服妖也，弘治初始有禁例。

——［明］陆容《菽园杂记》

看到没有，其实到了明朝中后期，大家已经对朱元璋建国时期的法律条款睁一只眼闭一只眼了，只要有哪位红人振臂一呼，给大家看一点新鲜的服饰装扮，普通百姓基本就跟进了。

对于统治者来说，马尾裙的出现是很致命的，因为这种服装让原先等级森严的服装制度荡然无存，大家穿着一样的服装，完全看不出来高低贵贱。

马尾裙最终还是昙花一现了，根本原因是这种服装似乎也并不是那么好看。看看现在古装剧里后宫嫔妃的裙装，是不是看多了也会觉得有点腻，所以到弘治初年，在皇帝的禁令之下，马尾裙就退出历史舞台了。

马尾裙只是当时人们对于服装改革态度的一个缩影。就连当时蓄意改革的首辅张居正也摆脱不了漂亮衣服的诱惑。当然了，这跟张居正本人的生活作风也有关系，按照《明朝那些事儿》作者当年明月的说法："他独断专行，待人不善，生活奢侈，表里不一，是个道德并不高尚的人。"其中生活奢侈的一个表现就体现在穿衣服上。

咱们这位首辅大人似乎完全忘了开国皇帝对于勤俭节约的要求，反而非常喜欢鲜美耀目的衣服，这也造成了其他官员争先恐后的效仿，整个朝廷里的官员都陷入了"臭美"的旋涡。

> 性喜华楚，衣必鲜美耀目，膏泽脂香，早暮递进。
>
> ——［明］沈德符《万历野获编》

这从另外一方面也反映出来，当时的皇帝已经无心去管这些鸡毛蒜皮的小事儿了，或者说皇帝本身也是此中爱好者，更加没有理由去约束下属了。

比起来朱元璋时期三天两头拿穿衣服说事儿，明朝中后期，朝廷已经不怎么管普通百姓如何穿衣服了。既然大家兜里都有了闲钱，都想穿点漂亮衣服，那就干脆"破罐子破摔"，没人愿意站出来管了。

往深层次里说，明朝后期，社会经济和文化都来了一次大解放，以商人

的地位为例，在明初，商人的地位绝对是排在最后一位的，等到明朝末年的时候，部分学者已经开始为商人的地位叫屈了。比如黄宗羲在《明夷待访录》中就明确地提出“工商皆本”，这就把明朝一直以来居于社会阶层底端的商业提到了与农业并重的高度。王夫之在《黄书·大正》中也反对明朝皇帝故意压抑富民，他认为“大贾富民者，国之司命也”，商人凭借自己的努力赚钱，没有什么好羞愧的。

在这些文化禁锢不断解放的同时，商人群体的富有也让他们有了尝试更多穿衣风格的经济基础，并使更多的百姓在服装风格上出现改变。

# 第二节 谁出门还不化个全妆——妆容

各朝代的女子妆容风格都各有千秋，比如唐朝女子喜欢把胭脂涂满面颊、涂满眼睑，甚至涂满耳朵，用起胭脂来跟不要钱似的，仿佛出门逛个街，如果不在脸上用二两胭脂，就会在小姐妹面前跌份儿。

这么说来，明朝的妆容大概是最接近现代审美的了，当时的女子追求的是所谓的裸妆，强调的是“面如凝脂，眼如点漆，眉黛烟青”，至少在化妆这件事情上，明朝的女子比唐朝省钱多了，不用涂那么厚的胭脂，也不会有卸妆的困扰，整个人的精神面貌都清新淡雅了。

##  消失在历史长河中的面妆

先说说面妆吧，古代人的面妆可比现代人要简单多了。有的手法现在已经失传了，比如隋唐五代时期流行的额黄，现在大家只有在古诗词里才能看到。按照现代人的审美来看，额黄比较一般。

额黄主要是用笔蘸取黄色的脂粉涂在整个额头上，或者涂半个额头，然后蘸上清水使这些黄色的脂粉晕染开来，形成由深到浅的视觉效果，这种额黄的画法称为“染画法”，额头上渐变的额黄也被人们称作“约黄”。

总体来说，额黄算是比较考验女子化妆技术的一种画法，如果晕染的熟练程度不够，就容易造成有的地方太深、有的地方太浅。有的女子则直接将金黄色的纸或者金箔，剪成一定的图案贴在额头上，这种画法极大地降低了额黄妆的化妆难度，卸妆也比较方便。

到了明代，额黄已经不再流行了，但依旧流行面靥的面妆手法。面靥其实也不是什么太难的手法，最开始大家都简单画个圆点就完事儿，后来不知道哪位有心的小姐姐发现面靥可以承载不少的化妆元素，这才有了月牙状的、花卉状的、铜钱状的。

当时有钱人家的女子都喜欢珍珠面靥，妆容画法还结合了现在的三白妆，即在额、鼻和下颚三个部分晕上夸张的白粉。但是老百姓只能用的起金箔片、螺钿壳、花草、榆钱等剪制成的各种花朵形状。

其中比较奇葩的是，当时明朝皇帝的贡品菜单上有一种食物是产自南京地区的鲥鱼，最初是因为鲥鱼的味道鲜美，很受当时宫内达官贵人的喜欢，往往要经过无数道工序，历时三个月才能到达京城。

但谁都想不到鲥鱼的进贡还催生了用鲥鱼鳞片化妆的效果，因为鲥鱼的鳞片色泽如银，有钱人家的女子常常贴在脸上掩盖雀斑或者痘痘，这个化妆手法真不知道是哪位嗅觉不灵敏的可人儿发明的。

试想之，每年四五月份，鲥鱼才会不远万里从南方运到北方，然后京城的贵妇就要兴高采烈地把来自千里之外的鱼鳞片贴在脸上，大概率是带着鱼腥味的。当你辛辛苦苦地用鲥鱼鳞片完美地遮住了每一个痘痘去跟情郎约会，结果把脸凑到情郎跟前时，对方却忍不住皱了一下眉头，别怀疑，那一定是鲥鱼的味道。

虽然看起来很奇葩，但用鲥鱼鳞片作为化妆原材料并不是谁都能用得起的，只有达官贵人家的贵妇小姐才能用得起，普通百姓还是老老实实地用花草榆钱吧。

## 明朝人的眉妆可太前卫了

明朝的眉妆大体上还是继承了之前朝代的眉式，没有太大的创新，只不过是在画眉的原材料上有了一些新的研发。

眉妆的样子还是流行柳叶眉，又称“吊梢眉”。此处要讲一下王熙凤，作为柳叶眉的代表人物，曹雪芹在《红楼梦》里是这样描写王熙凤的，“一双丹凤三角眼，两弯柳叶吊梢眉”。

大家可以想象一下现在流行的挑眉，也是这个化妆路子，也就是尾部化成上扬的形状，整体修饰成纤细修长的样子，从这一点上来看，老祖宗的审美几百年前就已经走在世界前列了。

在明朝，修眉的工具自然没有现在这么发达，主要还是原始的用线绞，或者用刀削，这其中的风险就在于，一不小心，可能就把眉妆给毁了，还是无法挽回的那种。

画眉的原材料主要还是黛石。黛石是一种黑色矿物，在日常生活中的用途主要就是画眉，先将黛石放在石砚上磨碾，使之成为粉末，然后加水调和，就可以用于画眉了，所以也被称为眉石。

元代之后，宫廷女子的画眉之黛，全部用的是门头沟区斋堂特产的黛石，这个习惯也沿用到了明朝。

> 宛平县产石，黑色而性不坚，磨之如墨。金时宫人多以画眉，名曰眉石，亦称黛石。
>
> ——［明］李贤、彭时等《大明一统志》

当然了，明朝在眉妆方面也有一些微创新，比如把铜黛和青雀头黛等化妆方法进一步发扬光大了。

铜黛又称铜绿或者孔雀石，一般指碱式碳酸铜，呈孔雀绿颜色，它是铜与空气中的氧气、二氧化碳和水蒸气等物质反应产生的，颜色翠绿，可以用于女子画眉。

青雀头黛也是年头颇久的一种化妆原材料了，它是一种深灰色的画眉材料，始于西域，南北朝时期传入中原地区，随后宫女就用于眉妆。沮渠蒙逊去给南朝宋进贡的时候，就进贡了百斤的青雀头黛。

> 河西王沮渠蒙逊，献青雀头黛百斤。
>
> ——［北宋］李昉、李穆、徐铉等《太平御览》

看到这里，是不是感觉还是去美妆店里买一支眉笔比较方便？

## 手法不够，化妆品来凑

既然要化个全妆，当然少不了各种各样的化妆品。比如到了清朝，曹雪芹绝对是一名化妆品的行家，在他的很多作品中，都把“胭脂”二字挂在了嘴边。

> 侍女金盆进水来，香泉影蘸胭脂冷！
> 胭脂鲜艳何相类，花之颜色人之泪。
>
> ——［清］曹雪芹《桃花行》

在明朝，化妆品主要分为美容、护肤、护发、清洁等几种。

### 美容怎么能少得了粉底

美容类化妆品指的是粉底、胭脂、口红、指甲油等，如上文中所说的黛石就是其中一种。

明朝的粉底也被称为胡粉、水粉。当时的女子多用铅粉修饰面色，而铅粉的主要成分是碱式碳酸铅，必须加水调和，所以又叫“水粉”，这里的“胡”是指“糊”，意思是说可以糊脸。

所有的水粉之中，又以辰州所产的水粉最真，特征是颜色微微发青。金陵、杭州、韶州等地方也都有水粉出产，但名气就不如辰州的水粉了。

今金陵、杭州、韶州、辰州皆造之，而辰粉尤真，其色带青。

——［明］李时珍《本草纲目》

《本草纲目·金石》中记载了辰粉的制法，主要还是以铅粉为原材料，用醋化成粉后，按照 5 ： 1 ： 2 的比例放入豆粉和蛤粉，在水里搅匀之后，把沉淀下来的细灰用纸放置晾干，再定模成各种形状，这就是辰粉的做法。

每粉一斤，入豆粉二两，蛤粉四两，水内搅匀，澄去清水，用细灰按成沟，纸隔数层，置粉于上，将干，截成瓦定形，待干收起。

——［明］李时珍《本草纲目》

可以看到，明朝制作粉底时，是将金属类的铅粉和植物类的豆粉、动物类的蛤粉混合在一起使用，一来可以增色增白，另一方面可以让成型之后的粉保持松散，防止黏结。

在此基础上，还可以加花卉等材料制作成更加高档的粉，比如明朝人所用的珍珠粉，虽然名字叫珍珠粉，但实际跟珍珠没什么关系，它用的是一种名为“紫茉莉”的植物。

紫茉莉的花朵是紫色，果实表面是带有皱纹的黑色，但种子胚却是乳白粉质，可以作为妆粉的原料，在中医上可以用于祛面部瘢痣粉刺。在明朝，人们将紫茉莉种子研磨蒸熟，取名为珍珠粉，在春夏季节常被用于化妆。

另外一种玉簪粉则是提取了一种名为玉簪花的花仁。玉簪花是日常中常见的花朵之一，明朝人将未开的玉簪花，剪去花蒂之后再蒸熟，用以制作玉簪粉。

这两种粉在明朝皇宫里都是大家喜欢用的化妆品之一，有的人化了大浓妆，还会被崇祯皇帝取笑为像庙中的鬼脸。从皇帝的反应来看，这两种化妆品的美白效果还是相当可以的。

宫中收紫茉莉，实研细蒸熟，名“珍珠粉”。取白鹤花蕊，剪去其蒂，实以民间所用粉，蒸熟，名“玉簪粉”。此懿安从外传入，宫眷皆用之。故帝不喜涂泽，每见施粉稍重者，笑曰：“浑似庙中鬼脸。”

——［清］王誉昌《崇祯宫词》

除了粉底之外，常用于脸部的化妆品就是胭脂了。

古人调制胭脂的原料大多数是红蓝花的汁液凝结之后的产物，因为红蓝花产于燕地，所以称之为燕脂，随着时间推移，名字也变成了胭脂。

盖起自纣，以红蓝花汁凝作燕脂。以燕国所生，故曰燕脂。涂之作桃花妆。

——《中华古今注》

红蓝花成熟有两批：第一批是在春天三月初种花，花开时一日需要数百人摘取；第二批是在五月种晚花，花色深沉，耐久不掉色。花瓣捣碎后把黄汁筛除，再暴晒，红色更加鲜艳。

也有用紫铆的分泌物制作胭脂的。紫铆又叫胶虫树，广东地区的人们在很早之前就发现了紫铆的分泌物可以用来制作胭脂。

紫生南海山谷。其树紫赤色，是木中津液结成，可作胡胭脂。

——［晋］裴渊《广州记》

胭脂涂抹的比例不同，也会出现不同的化妆效果。不过，明朝时对于大浓妆和淡妆的称呼文艺多了，当时称之为“桃花妆”和“酒晕妆”，前者是形容像桃花一样粉嫩的妆容，也就是淡妆；后者是化出酒后脸颊变红的感觉，也就是浓妆了。

明朝的人们能靠这么简单的化妆品化出这么多的样式，也给各个社会阶层的人们都提供了变美的机会，至少人们不会去研究什么大牌的平价替代品了。

## 鸡蛋清也能当护肤品用

除了各类化妆品外，明朝女子当然也少不了用各种护肤品。当时的护肤品主要还是以天然材料为主要原料，没有什么太多的化学制品。

《本草纲目》中的《闺阁事宜》收录了当时人们常用的一种叫太真红玉膏的护肤品。方中取杏仁，浸泡去皮后研为细末，与轻粉、滑石等混合在一起，蒸过后，加入少许冰片、麝香，用鸡蛋清调为膏状，每日早晨洗面后敷在脸上，这就是当时比较主流的护肤品了。

太真红玉膏的配方里，杏仁有滋润皮肤的效果，滑石、冰片、麝香对于一般人也没什么坏处，唯一值得注意的就是轻粉，因为轻粉就是氯化亚汞。

## 明朝的护发素是用什么做的

古代用于洗发护发的东西其实挺多的，比如江浙一带的妇女会在七夕时采摘柏叶桃枝，用以煎汤洗发，也会用皂角来去除头皮屑。

如果更讲究一点的，还会用木槿叶。木槿叶广泛分布于我国东南和西南地区，相对于柏叶桃枝来说，木槿叶的味道就好闻多了。当时的人们把木槿叶剪碎，用纱布包上以后在温水里使劲揉搓，就会形成绵密的泡沫，相传用这个水洗头，有去屑止痒的作用。

除了洗发水之外，明朝人还发明了基础版的护发素，普通人家有用芝麻叶榨油来保养头发的，可以起到去屑去虱子的效果。

脂麻叶，汤浸涎出，妇人用梳头沐发去虱。

——［明］郭晟《家塾事亲》

“高大上”一点的就有用玉芙蓉的。玉芙蓉又称素馨花、野悉蜜，最早出产于波斯地区，花开的时候，漫山遍野都是玉芙蓉的香味。人们常用玉芙蓉的花朵来榨油，也有用来制作护手霜的，抹在手心，连手背都能闻到香味。

也有人用玉芙蓉来护发，可以让头发顺滑不打结，这已经初步具备了护发素的作用了。

在这些护肤品、化妆品之外，明朝的女子也会有其他的一些化妆小心机，比如喷香水和做指甲之类的，但跟其他朝代没有什么太多不同。

比如做指甲，跟其他朝代一样，主要还是以红色凤仙花为主，以紫色、白色等凤仙花为辅。

指甲花连指甲草，大家染得春笋好。

——［明］屈大均《广东新语》

黄色凤仙花，即关雾凤仙花，在屈大均《广东新语》的记载中，他将凤仙花和指甲花分开描述，将指甲花单指为关雾凤仙花。广东的女子会将关雾凤仙花的叶子加上少许矾石来染指甲，也能起到明艳夺目的效果。

指甲花，颇类木樨，细而正黄，多须菂，一花数出，甚香。粤女以其叶兼矾石少许染指甲，红艳夺目。

——［明］屈大均《广东新语》

女孩子爱美的天性永远是共通的，不管是在现代还是在明朝，女孩子都会找到最适合自己的化妆原材料，并竭尽所能让自己成为整条街上最靓的女子。

## 第三节
## 不要迷恋哥——衣着

在明朝，也会有突破主流审美的奇装异服，就像前些年的“杀马特”造型一样，都是属于特定时间的文化思潮。

### 剑走偏锋的服装设计师们

明朝的奇装异服主要出现在万历年间，当时的时尚界出现了很多匪夷所思的穿着风格，一度被人们称为“服妖”。

拿上文中提到的马尾裙为例，以现代人的审美来看，无论如何是想象不到在裙子内部用马尾做成蓬蓬裙的，但在当时的一些人眼里，这才叫时尚。

明初规定，生员须穿玉色衣服，加饰青黑色边条，但到了明后期，江南读书人突然崇尚起了“妇人红紫之服”。当时曾有一位官员，名唤李乐，有一天心血来潮进了一趟城，突然惊奇地发现，满街的生员秀才全是红丝束发，嘴唇涂着红色的脂膏，脸上抹着白粉，用胭脂点缀，身穿红紫颜色的衣服，如同艳丽的妇人一样。

感慨于世风不古，连穿着打扮都出现了如此迥然不同的变化，这位老先生改了古诗一首：“昨日到城郭，归来泪满襟。遍身女衣者，尽是读书人。”

出现这种情况的主要原因还是来自森严的服装等级制度，被同一套服装压抑得太久，自然而然要想出一点突破的办法来。从朱元璋制定各种条例开始，这种行为就没有停止过。

明英宗天顺年间，教坊司乐工、妇女早就不管是怎么规定的了。让大家穿那么朴素的衣服，还怎么工作，不穿金戴银大红大紫，哪会有人喜欢，所以大家对这种事情的态度也很明确——你禁你的，我做我的。

教坊司乐工妇女僭用服饰。正统年间已尝禁革，而犹不遵法度。依然僭服异色花样、纱罗、绫叚等衣，内衬大红、织金，及戴金玉宝石、首饰珠环之类，街市往来，坐轿乘马，多端僭礼，不可胜计。请敕所司出榜禁革，如有仍前不悛、故违礼法者，令五城兵马擒送法司，惩治其罪。庶使贵贱有别，服饰有等。从之。

——《明英宗实录》

服装风格的不断突破，催生了明朝版的“杀马特”人群。为了获得更大规格的突破，这部分“服装设计师”开始在剑走偏锋的道路上越走越远——别管什么好看不好看，只要足够猎奇，这条街的穿衣风格由我来定。

## 文人群体中的奇装异服

在这条“服妖”的道路上，又有两个流派。第一个流派是男性开始穿女装，女性开始穿男装。这还不同于现代各种中性风的流行，而是为了出位而出位，完全没有考虑别人怎么看。

这其中又以狂傲怪诞的文人为代表。唐伯虎“我笑他人看不穿”，当有人慕名来访时，作为主人，唐伯虎至少应该收拾整齐，把自己的属性稍微隐藏一下，但是这样又怎么对得起唐伯虎狂傲怪诞的名声呢？

于是唐伯虎的粉丝看到了唐伯虎穿着妇女装束，与一个和尚下棋。

这种场景，单是想象一下，就能给周星驰《唐伯虎点秋香》的电影贡献几个无厘头的镜头了。

再比如明朝末期的张献翼，作为文人，张献翼既没有在历史上留下什么脍炙人口的诗歌，也没有做出来什么值得后世探讨的学问，被人们所记住的反而是奇装异服。

平时出门，他在穿着上费尽了心思。身上穿的是彩绘的荷花和菊花，头上戴的是绯红色的头巾，这身装扮一出门，连小孩子都围着他取笑。

这种取笑对于张献翼这样的文人来说，其实是甘之如饴的，为了显得与众不同，这点男扮女装算得了什么。

（张献翼）至衣冠亦改易，身披彩绘荷菊之衣，首带绯巾，每出则儿童聚观以为乐。

——［明］沈德符《万历野获编》

现在可能觉得戴红帽子不算什么大不了的事情，但在明代，打仗打败了的战俘，在献俘仪式上会专门戴上红帽子，等到仪式完毕，就要戴着红帽子押赴刑场处斩。

所以张献翼的这身装扮可以说是凶丧之服了。明明知道这一点，还敢这么嚣张地招摇过市，并不是嫌自己活得太久了，而是为了显得自己很有士人的范儿。

奇装异服的第二个流派就是单纯的奇装异服了。这个流派的代表人物主要是性格比较狂放的文化人，靠着比较怪诞的穿着风格，在思想相对禁锢的时代，竟然也能收获不少的粉丝。

明末的才子卜舜年，书画水平是真的很不错，作为当时著名的文学家和书画家，曾经被董其昌、陈继儒等人称赞，但是他的衣品就很一般了。

夏季，他经常在头上挽起来高高的发髻，身上穿着大红苎布袍，光着脚在街上唱歌，所用的折扇长三四尺，而袖却很小，仅数寸。

吾邑盛泽，卜孟硕，名舜……常於暑月，首挽高髻，身衣大红苎布袍，跣足行歌市中。所用障面，长三四尺，而袖小，盖仅方广数寸。见者皆指为狂。

——［清］钮琇《觚賸》

在这种背景下，传统衣着已不再是理所应当的东西，反而各种非主流的穿着风格不断涌现。这一方面反映了随着当时社会经济的发展，不仅是富贵人家，普通百姓也有足够的经济基础来支持日常服饰风格的赶潮流；另一方面则反映了当时庙堂之上的统治阶层已经无暇顾及民间的种种风气。

明朝中后期的皇帝已经完全没有了朱元璋时期励精图治的壮志雄心，留在史书上的多是平庸之辈，在这些皇帝在位期间，朝政大事已经不是他们的头等大事，比如正德皇帝的头等大事肯定是如何把豹房设备建设得更加齐全一点。这些皇帝大多将权力下放给臣子或者宦官，可想而知，这些宦官的头等大事一定不是什么治家治国，而是跟朝廷中做实事的臣子们争权夺利，这就造成了明朝一个很奇怪的现象，那就是皇帝甚至可以不上朝，不去见臣子。

比如明宪宗朱见深在位 23 年，但在这 23 年里，很长时间他都懒得见大臣，后期干脆把政事都交给内宦处理。这样的皇帝还不在少数，比如嘉靖皇帝、万历皇帝都有这样的臭毛病，二十几年都不上朝一次，也根本不会管民间的普通百姓穿什么衣服、戴什么帽子。

“服妖”之风不仅不符合明朝初期勤俭的治理方针，也助长了普通人对于物质享受的追逐，加上统治者对于这种风气并没有做到监管和疏导，更加快了明朝社会弊病的增长速度，在一定程度上为明朝走向衰落埋下了隐患。

# 第三章　明朝，一个值得了解的朝代

# 第一节 明朝算是平价——房价

房子是普通百姓绕不开的一个话题，现代社会的打工人辛辛苦苦奔波在上下班途中，赚钱买房是目的之一。

在明朝也是如此，普通百姓辛苦一年，无非是为了一家人能吃得饱、住得暖。

那么，明朝的房价如何呢？

明朝的房子相比宋朝算是平价。

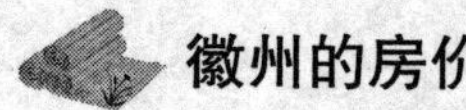

## 徽州的房价

根据《中国历代契约会编考释》的记载，我们来看看明朝房价的例子。

景泰八年（1457年），徽州祁门县居民李添兴卖房，厨房一间、猪圈一个，只要纹银4.3两。

万历元年（1573年），徽州休宁县居民吴长富卖房，占地半分的小宅院，只要纹银2两。

万历四十二年（1614年），徽州休宁县居民王元浚卖房，正房3间、厢房3间、门面3间，卖了纹银50两。

天启二年（1622 年），徽州休宁县居民姚世杰卖房，一间平房，建筑面积 50 平方米，卖了纹银 8 两。

崇祯五年（1632 年），徽州休宁县居民金运出售双层楼房一幢，上下五间，占地一分，卖价 30 两银子。

徽州休宁县就是现在的安徽省黄山市休宁县，在万历元年，半分地面积的房子卖了纹银 2 两。

万历年间一两银子可以购买一般质量的大米二石，当时的一石约为 94.4 公斤，也就是说一两银子就可以买 188.8 公斤大米，就是 377.6 斤。

按照 2023 年 1 月的大米行情计算，大米价格浮动在每斤 3 元到 5 元之间，以中间价每斤 4 元计算，明朝一两银子大概人民币 1 510.4 元。

所以黄山市休宁县半分地面积的房子一共卖了 3 020 元，这个价钱可真的不算贵。

一个朝代的不同时期，房价也不一样，比如到了崇祯五年，还是休宁县的居民金运卖房子，双层楼房一幢占地一分，就卖了 30 两银子。

说到这里，您可能要问了，那么明朝大城市的房价又如何呢？

再看一个例子。

崇祯十三年（1640 年），北京市崇文门大街居民傅尚志出售四合院一座，五间房，带门面，总要价纹银 56 两。

按照上述的计算方法，这座五间房的四合院卖了约 8.5 万元人民币，当然这也是因为战乱。

##  官员的豪宅几多钱

在当时的南京，只要不是依山傍水的住宅，也是可以负担的。据《新置南京少宰公宅记》记载，嘉靖七年转南京吏部右侍郎的湛若水花了一百五十六两在南京锦衣巷买了一间“大门九楹”的房子。

画一下重点，“大门九楹”！这妥妥的豪宅啊，但是咱们的吏部右侍郎只花了一百五十六两！

再看看这所住宅的详细布局，西边的议事厅、北边的书房和库房前面都是四楹的配置，面积为“纵二百五十有五尺，其衡前一百三尺，后一百五十有八尺”。明代一尺约等于现在 0.311 米。这是普通人连想都不敢想的豪宅。

乃谋以缺官皂隶之羡馀一百五十六两，买薛氏之居在锦衣之巷者，以为右堂公宅。宅背兑阴而面震阳，凡前大门九楹，稍进西为贰门者一，又进西为厅事者四楹，其北为书房者四楹，又进厅事之西，为室者六楹，室北为辅室二楹，其旁南北二翼，其北翼为库房者四楹，其南翼为厨房者，其楹之数称之。室之南牖为井，其后为园，园之西为小室者楹。其纵二百五十有五尺，其衡前一百三尺，后一百五十有八尺。此右堂公宅大概也。

——［明］湛若水《新置南京少宰公宅记》

如果你不熟悉这位吏部右侍郎，那么来看看创立“阳明心学”的王守仁当时住的是什么宅子。

正德十六年（1521 年）十二月，王阳明因平定宁王朱宸濠谋叛之功，封为“新建伯”，于次年的嘉靖元年在绍兴府山阴县西北隅光相坊择地兴建“伯府第”。

新建地处南昌城西北方向，这座伯府第一建就建了五年，直到 1527 年，思恩、田州的卢苏、王受造反，总督姚镆不能平定，王守仁以原先的官职兼左都御史、总督两广兼巡抚的身份，离开浙江去广西平叛，伯府第才正式完工。

这么说来，这座大豪宅，王守仁一共也没住几天。

由于这座伯府第气势非凡，在明清时期，浙江绍兴与余姚两地一直流传着一个说法，叫作“吕府十三厅，不及伯府一个厅”。

这个时候就要聊一聊这个“吕府十三厅”是什么了。

其实吕府十三厅是指嘉靖年间礼部尚书吕本的府第。吕本是浙江余姚人士，历任礼部尚书、太子太保兼文渊阁大学士、吏部尚书等官职。

退休以后，他在余姚新建吕府，东起万安桥，西迄谢公桥，南起新河弄，北至大有仓，总占地面积约 30 亩。坐北朝南，南、西、北三面环水，内设两条南北向“水弄”和一条东西向的“马弄”，平面呈三条纵轴，五条横轴布局，交织成十三个厅堂。

据民间传说，这十三个厅堂是吕本任会试主考和掌吏部尚书时，登第弟子或命官共 13 人，相约在吕本八十寿辰时，每人建一座厅堂作为寿礼赠谢恩师，所以当地称为“吕府十三厅”。

吕府中央纵轴线自南而北，依次为桥厅、永恩堂、三厅、四厅、后楼。略高于左右建筑，主体突出。东、西两纵轴线依次为牌坊、前厅、二厅、三厅、后楼。三条纵轴线的最后一进都是楼房，其余均为平房。各厅均有砖石砌筑门楼，厅后均有天井。

吕府十三厅已经是当时数一数二的豪宅，但居然不抵伯府第一个厅，可见王阳明府邸的豪奢程度。

从面积来说，伯府第并不是非常夸张，根据《山阴县志拾零抄》的记载，伯府第“府周二里百二十步，规模恢宏博大，建筑庞大考究，梁架均用楠木，为绍兴府首”，若按“六尺为步”计算，周长为 1.24 千米，占地面积为十六亩，大概是吕府的一半。

从建筑材料来说，伯府第就要凸显优越性了。“伯府大厅”全用楠木构成，高大宽敞，比起吕府砖石砌筑的门楼，明显楠木更贵一些。

伯府第的正门有一方长 35 米、宽 25 米的“碧霞池”，池上有桥名为天泉桥，天泉证悟的故事就是在这里发生的。

不过是一座点缀池塘的桥，还能有天泉证悟的雅事流传下来，其他的就可想而知了。

好在建造伯府第是朝廷的恩赐，土地当然由政府划拨，无需出钱购买，其中主要建筑的资金也是由朝廷来出，否则以王阳明的官俸，是无法支撑如此之多的建筑资金的。

当时王阳明的俸禄是两千余石禄米，折合一千多两银子。这点钱估计连买顶级楠木的钱都不够，不过建筑资金不在本章的讨论范围之内。

## 明朝人买房压力不大

可能有的人要问了，虽然银子看起来不多，但是当时的人如果赚得少呢？

那我们再来对照一下明朝人的工资，看看当时的房价到底算不算高。

先看看官员的，明代正一品官的月薪是米 87 石，正七品官的月薪是 7.5 石大米，按照一两银子买二石大米计算，正一品的月薪约为 43.5 两银子，正七品的月薪约为 3.75 两银子。

以上文中的吏部右侍郎湛若水举例，南京吏部右侍郎是正三品官，月俸 35 石，折合 17.5 两，房子总价为 156 两，如果不计算吃穿用度，以湛若水当时的工资，九个月工资可以买得到他想要的豪宅。当然，这只是很粗略的估算。

如果是正一品的话，都用不了九个月，三个月工资就可以买到。

大官买房子没啥困难，那么普通人又能赚多少钱呢？

其实，普通人在明朝的工资并不算高，海瑞在江南做官时，雇佣民工兴修水利，每人每天 0.02 两银子，干满一个月 30 天，月薪也只有 0.6 两。等到万历年间，北京地区的工钱高一些，按照沈榜《宛署杂记》里的记载，万历年间北京地区雇佣搭棚匠搭棚，“每日每人工食银五分”，日工资 0.05 两，干满 30 天也不过才 1.5 两，一年大概可以赚十几两银子。

按照这样的收入水平，占地十几亩的豪宅注定无缘，但是想要买一座安身立命的普通住宅，攒几年钱还是有可能的。

## 第二节 学学宋朝吧，这样的廊房迟早爆雷——公租房

公租房和廉租房的政策古而有之，尤其是乞丐出身的明朝开国皇帝朱元璋，深知穷人无立锥之地的窘迫，因此他一当上皇帝，就把穷人的住房问题提上了日程。据《明太祖实录》记载，洪武七年农历八月，朱元璋给南京的官员下了一道圣旨："京畿民庶之众，鳏寡孤独废疾无依者，多旧养济院，隘不足容，命于龙江择闲旷之地构二百六十间以处之。"

这道圣旨什么意思呢，京城有这么多的普通老百姓，其中有丧偶的、孤寡的、残废的、无依无靠的，以前的养老院已经装不下这么多人了，现在命令你们在龙江地区（现南京鼓楼区）找几片空旷的地方盖 260 间房子给这些人住。

这并不是朱元璋心血来潮的圣旨，仅仅过了一个月，朱元璋又给华亭县（现上海市）的官员下了一道圣旨，让他们对宋朝留下来的养院进行翻修，让没有住房的华亭县人居住。

从这两道圣旨来看，朱元璋是真的为穷苦老百姓考虑的，在为穷人盖房这方面，朱元璋完全称得上有理想有抱负，但是他的这个理想并没有得到后来皇帝的贯彻。

本来明朝官员手里就没有多少可以周转的资金，更何况是一次性盖几百间房子这样的大事。所以朱元璋死后，各地官员对给穷人盖房子也没了什么

热情。

朱棣把自己的侄儿撵跑之后，刚迁都到北京时，为了招揽住户，想出来了一招兴建“廉租房”的办法，一次性盖了800多间，称为“廊房”。

朱棣盖的这种廊房根据地段不同租金分为三等，大房每间每个季度纳租金45贯宝钞、90文钱；中房纳31贯宝钞、62文钱；小房纳30贯宝钞、60文钱。

鉴于永乐年间大明宝钞已严重贬值，一贯钞只值10多文钱，所以大房每间每个季度的租金是500文钱左右。总体来看，租金还是比较低廉的，否则市民们用脚投票也不会选择搬迁到这里来。

跟现在押一付三的租金支付方式类似，这种廊房也可以三个月交一次租金，说它们是廉租房也没有问题。

洪武初，北平兵火之后，人民甫定。至永乐，改建都城，犹称行在，商贾未集，市廛尚疏。奉旨，皇城四门、钟鼓楼等处，各盖铺房，除大兴县外，本县地方共盖廊房八百一间半，召民居住，店房十六间半，召商居货，总谓之“廊房”云。房视冲僻分三等，内大房四百四十三间，每间每季纳钞四十五贯，钱九十文；中房二十九间，每间每季纳钞三十一贯，钱六十二文；小房三百二十九间半，每间每季纳钞三十贯，钱六十文。

——［明］沈榜《宛署杂记》

跟朱元璋不同，朱棣兴建廉租房有点类似于现在的人才引进政策。在“商贾未集，市廛尚疏”的时候，拨点财政资金建造几百间廊房，吸引商人居民来北京定居，完全没有想过把廊房作为一项长久的政策来实施。

换言之，廊房只是朱棣招徕居民的一种权宜之计，他自己也没把它当作长久之计。

所以他建立的这800间长租公寓，管理可以说是相当松散，不但没有专门的部门来负责，连收租的人都是在廊房的租客里面选一名有能力的，称之为廊头，这种任命方式也是相当随意了。

这种任命方式带来的直接后果就是，其他的租客才不会理睬所谓的廊头，都想尽各种办法不交租金。甚至还有廊头因收不到房租自掏腰包倒赔租金的案例，这其中还有赔到破产的。

为了避免这种事情发生，明朝也采取了一些措施。比如说在一处廊房定下来好几个廊头来收取租金，按顺序依次当廊头，今天小王不交租金，那等到小王当廊头的时候，其他人也不会交租金。

选之廊房内住民之有力者一人，佥为正头。计应纳钱钞，敛银收买本色，径解内府天财库交纳，以备宴赏支用。以其为廊房钱钞之头也，故曰廊头。行之岁久，内外势隔，交纳为难。凡应廊头者，率至破家，有行季增一人贴管，于是有正廊头、副廊头之名。然民终不乐为役，多方规避，不脱不止。本县不得已，申著为例，每处各定数家为廊头，自收本处钱钞，挨次轮及，周而复始，其取到名数多寡不齐。

——［明］沈榜《宛署杂记》

## 跟宋朝比，明朝差在哪里

从明朝对于廊房的管理制度来看，在公租房和廉租房方面，跟之前的宋朝有着非常大的差距。

别看宋朝在各种电视剧中的形象总是窝窝囊囊，但在廉租房方面，重文轻武的宋朝还是打了几手好牌的。

宋朝有专门的单位来管理公房，最开始叫楼店务，后来又叫店宅务，负责公房管理、出租和维修。

作为政府机关单位，店宅务的办事人员完全不是明朝廊房这种草台班子。以开封左厢店宅务为例，内设“勾当店宅务”一员，相当于主要领导；“勾押官”

各三四员，相当于业务主管；还包括“掠房钱亲事官”各四五十名，就相当于普通的业务经理。单从人数上来说，也比明朝专门用来管理廊房的廊头要多。在朱棣只舍得花钱盖800所廊房的时候，宋仁宗天圣三年（1025年），开封府楼店务所管的房屋已经达到了26 000余间。

从业务能力上来说，明朝的廊头连房租都收不上来，宋朝的店宅务已经有一套完整的管理流程。比如店宅务的管理人员本身是不允许承租房屋的，如果有违反的，就会被打一百杖，这从根源上杜绝了店宅务自己承包业务再转包出去的风险。

应监官、典押公文人员、作匠之类，若在京应管辖两务去处人吏，并不得承赁官宅、舍屋、地段，违者杖一百以上。

——［宋］李焘《续资治通鉴长编》

在京城拥有房产的市民，也不得承租店宅务的公屋，租赁店宅务公屋的住户也禁止转租房屋，这些都是为了杜绝有房一族从政府租房之后套利。毕竟廉租房本身不是什么赚钱的行业，政府建立廉租房制度主要是为了给无房一族提供避身之所，如果完全市场化，就不是政府的本意了。

应宣借舍屋，须的是正身居止。如已有产业，却将转赁，委店宅务常切觉察，收管入官。自今悉如此例。

——［清］徐松《宋会要辑稿》

对于租户是否可以改建房屋这种细小的事情，宋朝的店宅务都考虑到了，租住公屋的租户如果自己改建房屋，在房屋里添置一些生活设施，店宅务不能借故增加房租，退租的时候，如果租户添修之物无碍于房屋的主结构，那就允许租户拆走，如果拆动后影响房屋的质量，则该添修物不准拆走，而是归属于政府。

这跟现代社会的租房习惯还是比较类似的，租户自己在房屋里，只要不损坏房屋主结构，退租的时候想带走什么就能带走什么，但如果对于房屋主结构造成影响，不仅东西得留下，没准还要支付修理费。

店宅务舍屋敧垫人户欲备材添修者，须约退赁时润官不折动，即委监官相度。如不亏官，亦听。

——［清］徐松《宋会要辑稿》

从上面这几条公租房的管理制度可以看出，宋朝的店宅务已经是相当规范的管理部门了，怪不得朱元璋直接让华亭县在宋朝留下来的居养院基础上进行翻修。

## 明朝之后，公租房的存在感几乎为零

明朝并没有完整的沿袭宋朝的公租房机构制度，也没有大规模、制度化地向普通老百姓提供公租房。等到清朝，虽然也有所谓的公屋，当时称之为“官房”，但是这些公屋已经完全脱离了向普通老百姓提供住所的职能。

乾隆六年（1741 年），内务府名下的官房有 1 471 间；乾隆十一年（1746 年），这个数字增加到了 5 715 间；乾隆四十六年（1781 年），官房数量又几乎翻了一番，达到了 11 220 间。

这批官房就有一部分用于公共租赁用途的房屋，但仅仅是一小部分，大部分的官房还是当作衙署、仓库、兵丁值房、官营商铺等，比如乾隆十一年，铺面房约占官房总数的 65%。而且，即使是这一小部分用于公共租赁的房屋，也不是向普通老百姓开放的，而是向官员们供应的，在京任职官员的房屋租金直接按季度从工资里扣，都不会给老百姓掏租金的机会。

至此，大规模向普通百姓提供的公租房可以说基本退出了封建社会的历史舞台，即使是底层出身的开国皇帝想要为老百姓做些事情，最后也成了一场空。

# 第三节
# 南方住楼房，北方住平房
# ——南北房屋差异

现在城市中的人们已经习惯了居住在楼房之中，但在明朝，可没有这么多的高楼大厦。总的来说，北方住平房的比较多，南方住楼房的比较多，这一方面跟建筑的工艺技术有关，另一方面也与地理环境和居住习惯有着密切的联系。

用现代人的眼光来看，不少人喜欢住自带电梯的楼房。但在明朝，南北方住楼房还是平房，主要是由当时不同区域的人口密度决定的。

## 有钱人才住得起楼房？非也

在中国历史上，中原和江南的人民总体上物资并不匮乏，他们很喜欢住平房，反正有的是地、有的是钱，地理条件和经济条件为这些人提供了盖平房的基础。这些地区的有钱人盖出来的房子都是端端正正的平房，光照条件好，住着也舒服。反而是明朝南京一些穷苦百姓，更加愿意在临街的地方盖楼。所以，并不是有钱人才住得起楼房。

至于为什么开始流行住楼房，这个事情还得追溯到宋朝。北宋灭亡之后，皇族和难民接连不断地涌进杭州城，当地人口剧增，人口密度一下增加到了之前的三倍，这个时候再按照之前的习惯盖平房肯定是不可能了，所以江浙地区率先从平房转向了楼房。

在明朝也是这样，南方主要是由于人口稠密，所以魏晋南北朝时住平房的士族风气不得已转变成了住楼房，在北方人口密度比较大的城市，也是这个道理。

即便如此，有时候楼房的建造速度也赶不上人口的增加速度，直接造成居住环境变得相当恶劣。

明朝末年，大量的人口涌入北京，而京城的住宅建设又相对落后，住宅之间几乎没有空隙。以现在的大栅栏地区为例，虽然目前已经改建成为繁华的商业街，在明朝，大栅栏还叫廊房四条，整条街的宽度还不足十米，完全无法满足当时人们对于房屋建设的需求。

用于安置商铺的廊房尚且如此，普通居民的住宅就更加夸张了。加上当时的卫生设施又不是很好，道路上都是各种粪秽，滋生了许多蚊蝇，导致夏天的时候痢疾、瘟疫根本断绝不了。

京师住宅既逼窄无余地，市上又多粪秽，五方之人，繁嚣杂处，又多蝇蚋，每至炎暑，几不聊生，稍霖雨，即有浸灌之患，故疟痢瘟疫，相仍不绝。摄生者，惟静坐简出，足以当之。

——［明］谢肇淛《五杂俎》

在南方普遍居住楼房之中也有个例，比如说广州虽然属于南方地区，但是却很少有楼房，大多数都是平房，这跟现在大家去广州看到的建筑情况还是有很大差别的。

明朝的广州老百姓在盖房子时，往往房屋两侧的山墙要比梁高出五尺多长来，里侧接近墙的那个地方不盖瓦，而是用砖铺成一个像梯子一样的东西，这种奇怪的建筑风格主要是出于防盗用途。

这里的“盗”并不是指一般的小偷窃贼，而是指海盗。把住宅盖成这种形状，晚上方便登高望远，瞭望守卫。

山墙盖得比较高，外面的海盗就很难攻进去，贴近内墙的地方没有瓦，海盗也没有办法轻易地爬过去，这就让普通百姓的财产得到了进一步的保障。

从这个角度来看，在住房这件事情上完全是城市的地理环境、社会环境、人口密度等客观条件决定了当时的人们能住什么。

## 西北地区玩“地道战”，广东地区用牡蛎壳砌墙

既然住平房还是楼房没有办法决定，那怎么盖房子总是可以决定的吧。

在这一点上，不仅有南北差异，不同省份的老百姓在盖房子这件事情上，都有自己的独门秘方。

先说说明朝时候的南京城吧，当时的人们无论是有钱人家还是普通人家，在宅院门前，都得有竹子编成的门，这也是南京城住宅的基本特征，如果哪家哪户的门前没有竹篱笆门，反而成了一件很奇怪的事情。

再说北方地区吧，北方地区的普通住宅跟现在的住宅有一定的相通之处，比如现在的西北地区依然可以看到一些无人居住的窑洞，而在明朝，山西的普通住宅大部分都是窑洞，冬暖夏凉。

除了窑洞之外，西北地区还出现了“地道战”的形式，家家户户都挖了地道，当时称之为“土室”，这些土室跟其他邻居家打成一片，当敌人来犯时，把隧道封住，就可以抵御敌人的进攻，唯一的不足就是没有水源，需要提前备点饮用水在土室里。

至于近边一带，常作土室，以避虏其中，若大厦，尽室处其中，封其隧道，固不啻金汤矣，但苦无水耳。

——［明］谢肇淛《五杂组》

岭南地区则出现了很多以蚝壳墙、蚝壳屋为代表的建筑，现在已经基本看不到了，留存下来的一些也成了古建筑被保护起来。

蚝壳墙、蚝壳屋最早可追溯到南北朝时期，明清时期的祠堂、民居也可以见到此类建筑。这也是老祖宗民间智慧的一种体现，如果手里有钱，谁都愿意用砖盖房子，而不是选择垒蚝壳盖房子。但在明朝的广东地区，只有有钱人家造房子时才能用得起砖，一般百姓盖房子都会就地取材，选择蚝壳。

不仅民间住宅会选择蚝壳，为了抵御袭击而建造的碉堡中，也常常将蚝壳作为主要的建筑材料之一。

在岭南民间，为了防止侵袭，常常需要在险要地方修建碉堡，敌人来犯时，就让牲口和老弱病残躲在碉堡里，用毒箭防守，敌人就不敢前来进攻。

有人家处，必据高山重险，筑堡壁。蛮至，驱牛羊妇女老弱居之，以毒弩自守，蛮亦不敢犯。

——［明］叶权《游岭南记》

这种碉堡又被称为“高楼”，楼基全部用坚石筑成，高度有一丈七八尺，墙则是用砖或牡蛎壳筑成，高又有五六丈，这个高度抵御一般的敌人就完全没问题了。碉堡整个楼体又分为三层，每层开三四个小窗，用于瞭望之用。最顶层堆积兵器、炮石等物品，用于御敌。

话说到这里，很多人觉得生蚝壳怎么用来盖房子呢，勤劳聪明的老祖宗已经研究出来一套生蚝壳盖房子的方法。

建造房屋时，在生蚝壳上面盖上黄泥黄糖，再用煮熟的糯米一层层地堆积起来，不仅外观看起来像鱼鳞一样特别漂亮，下雨之后一片雪白，而且墙体非常坚固。

蚝，咸水所结，以其壳垒墙，高至五六丈不仆。壳中一片莹滑而圆。是曰蚝光，以砌照壁。望之若鱼鳞然，雨洗益白……居人墙屋率以蚝壳为之，一望皓然。

——［明］屈大均《广东新语》

一般来说，民间用于居住的蚝壳屋由三面完整的蚝壳墙和一面普通的砖墙组成，地基出于防水的缘故不用蚝壳，整个墙体都可以以蚝壳为主，外墙表面不用抹灰，蚝壳直接裸露，内墙用黄泥、黄糖、糯米等黏合剂加固和黏合，风干后坚固不倒，是没钱买砖的老百姓的首选。

如今，在广州番禺区大岭村、市桥、沙湾，海珠区小洲村一带仍保存着少量蚝壳墙、蚝壳屋。以大岭村两塘公祠的蚝壳墙为例，距今已有600多年，依然屹立不倒，可见生蚝壳作为建筑主材料，还是能经得住历史的考验的。

唯一一点不足可能就是比较耗费生蚝。以两塘公祠的蚝壳墙为例，整面墙高9米，墙体厚约60厘米，每平方米至少需蚝壳1 000个以上，总计需要消耗蚝壳十多万个。

不管是土室的“地道战”，还是蚝壳屋的瞭望塔，都代表了明朝不同区域的建筑风格，这些建筑风格或多或少地反映了当时人们对于外界客观条件的应对方法，与现代都市里标准统一的高楼大厦相比而言，又别有一番生趣。

## 第四节
## 门面房轻松实现“世袭”——商铺

明代初始，在历经元末明初的多年战乱后，社会经济萧条。因此，立国之初，明朝政府采取了一系列发展经济的措施，实行恤商轻税政策，为商户建立廊房等，人们经商的积极性显著提高，经济发展迅速，城市人口增加。此外，明代政府放宽了对工匠的限制，人身依附关系有所削弱，可以说商人的经济活动非常活跃。

除了住宅之外，商铺也是明朝房地产行业的重要组成部分。随着明朝经济发展迅速，城市人口增加，对于社会商品的需求也迅速增加，加上明朝为商户提供了一系列恤商轻税的政策，商铺的数量也增加了不少。

至正二十四年（1364 年）四月，朱元璋宣布："凡商税三十税一，过取者以违令论"，将商税减轻了一半。在明朝初期也沿用了“三十税一”的制度，所谓“洪武中，定税额随物价轻重，每三十分而取其一”，而且对百姓日常所用商品，朱元璋都吩咐户部的官员予以免税。

胡惟庸伏诛，帝谕户部曰："曩者奸臣聚敛，税及纤悉，朕甚耻焉。自今军民嫁娶丧祭之物，舟车丝布之类，皆勿税。"

——《明史》

永乐初年，朱棣也延续了他爹的政策，对于军民日常所用的商品，不管

是婚丧嫁娶，还是蔬菜瓜果，都予以免税。

永乐初定制，嫁娶丧祭时节礼物、自织布帛、农器、食品及买既税之物、车船运已货物、鱼蔬杂果非市贩者，俱免税。

——《明史》

当时负责征收商税的机构为税课司局，征收商税的名目比较少，记录历史的史官还在征税这件事情“拉踩”宋朝和元朝，说在征收商税这件事情上，宋朝和元朝搞得比较烦琐，明朝初期就比较简约，到了后期才逐渐增多。

关市之征，宋、元颇繁琐。明初务简约，其后增置渐多，行赍居鬻，所过所止各有税。

——《明史》

皇帝呢，也对商品物资有了更多的需求。明初，还是采用地方官府每年向朝廷进贡土产的岁办方式，由户、工两部每年按规定数量将所需物资分派于各原料产地或经销地，以满足皇室对于各种商品物料的需要。等到后来，岁办已经无法满足皇室的需求了，于是商铺就承担了采办物资的责任，也被称为“商役”。

## 铺户也能“世袭”，轻松成就老字号

明朝初期，想要开设店铺的商人，只要去到官府登记并得到许可，即可开始商业经营活动。说简单一点，只要有了固定的经营场所，再去官府做一下工商登记，就可以成为铺户了。

一般来说，明朝铺户的来源主要分为以下几种。

## 祖辈传承

明朝对于户籍管理的奇葩之处就在于，一旦户籍上确定了你是什么职业，那么祖祖辈辈都得干这一行，不得随便更改，比如军、民、医、匠等职业，祖上行医，那么子孙也是医生；祖上是工匠，子孙也得当工匠。这种管理制度有好处也有坏处。

好处在于，一门吃香的职业轻松就可以实现世袭，干上三辈，就可以成为百年老字号了。比如明朝时扬州有一家店铺，叫“戴春林香铺”，位于今天的埂子街上，这家香粉铺从明朝开业到清代光绪年间歇业，所生产的香粉在大江南北风行了二三百年。在这二三百年里，一直是戴家从事这门生意，真正实现了“世袭”。

戴春林香铺相传开自前明，其来已久，货亦极佳……他香铺不能，故其名独著。

——［清］孙兆溎《片玉山房花笺录》

## 外来人口

外来人口成为铺户集中反映了明朝统治者对于商人的优待政策。在上文中提到的“三十税一”政策下，很多商人也实现了跨地区的人员流动，安徽人可以到南京开店，陕西人也可以去江苏开店，加强了不同区域之间的商品流通。

在这个过程中，外地商人落户大城市之后，自然而然地就成了大城市的一员。这种情况是很正常的，毕竟在这些大城市开铺赚的钱比自己在小地方赚的钱要多，其他也是这个道理。

在正德皇帝之前，北京典当铺之类的生意还是由本地人垄断，到后来，不但典当铺的生意被撬走了，连绸缎铺和盐店都被外地的商人把持了。

百物皆仰给于贸居，而诸凡出利之孔，拱手以授外土之客居者。如典当铺，在正德前皆本京人开，今与绸缎铺、盐店皆为外郡外省富民所据矣。

——［明］顾起元《客座赘语》

## 职业转变

虽然在上文中提及明朝的户籍要求不能转换，但是也有例外，比如匠户每年服役的时间比较短，虽然不能转换户籍，但可以采取轮番制服役，不服役的时候，可以从事其他生产活动。于是，很多匠户就携家带口到京城做买卖。等到明朝中后期，管理进一步放松，这部分人开设商铺已经成为常态了。

苏松人匠丛聚两京，乡里之逃避粮差者，往往携其家眷，相依同住，或创造房居，或开张铺店。

——《皇明经世文编》

## 从兴盛到衰落：铺户心里苦，但没法说

从经济发展的角度来说，铺户的存在也是一把双刃剑。

一方面来看，铺户的存在绝对是有功劳的。在永乐迁都之后，出于对铺户的优惠政策，大量的商人和手工业者进入北京等一线城市做生意，不同区域之间、城乡之间的商品流通环节直接打通，不仅可以满足城市居民的日常消费需求，还可以为各行各业提供就业人口。在无形之间，铺户成了区域经济乃至全国经济发展的媒介。

另一方面来看，铺户对于经济的促进作用是建立在相对完美的假设下的，即在没有外界干扰的情况下，铺户的存在对于经济的发展绝对有正面作用。但是在封建社会中，老百姓能不能活得下去，能不能安安静静地做生意，主要取决于皇帝和官员们怎么想。

如果想通了这个，就明白铺户从兴盛走向最后的败落，也是事出有因的，毕竟在履行商役的过程中，有太多的环节可以让不法官吏中饱私囊了。

首先是强取豪夺。朝廷买办各种物资的时候，有的连一折的价钱都给不到，层层盘剥下来，铺户基本什么钱都拿不到，相当于白送给朝廷了。白送一两次还可以，长期这么搞下来，不破产才怪。

其二朝廷买办诸色物料。有司给价十不及一。况展转克减。上下糜费。至于物主所得几何。名称买办。无异白取。

——《皇明经世文编》

其次是长期打白条。做小买卖的铺户一般都不是什么大富大贵的人家，大部分都是典当家产或者借贷来做买卖，费尽千辛万苦才能完成商役，但是朝廷很久都不付款，这些铺户的资金链一旦断裂，就进入破产倒计时了。

市廛小人，富少贫多，或典卖家赀，或出息假贷，竭尽艰苦，方得完足，又经月久未得价值，资本既失，无所经营，多至失所。

——《明宪宗实录》

最后是官吏中饱私囊。历朝历代都不乏此事，万历年间，官吏对于不听话的铺户严刑拷打，让这些铺户按照自己的想法行事。

这些行为让原本想安安分分做生意的铺户最后都陷入了衰败或者破产的境地，这种情况很大程度上是由明朝的腐败造成的。不能否认铺户本身的积极作用。在一些吏治情况相对较好的地区，铺户依然可以保证相对富足的生活。比如万历时北京有名的徽商李元祥、康蔡、李廷禄、刘良佐、冯伸锡、查维等人，不管做什么生意，“高大上”的珠宝生意也好，大众一点的餐饮生意也好，都能做到“连屋列肆，乘坚策肥”。

今新安多大族，而其在山谷之间，无平原旷野可为耕田。故虽士大夫之家，皆以畜贾游于四方。倚顿之盐，乌倮之畜，竹木之饶，珠玑、犀象、玳瑁、果布之珍，下至卖浆、贩脂之业，天下都会所在，连屋列肆，乘坚策肥，被绮縠，拥赵女，鸣琴跕屣，多新安人也。

——［明］归有光《震川先生集》

既然没有办法改变明朝腐败的吏治，那么只好从自身的角度多努力了。这一点上，明朝的徽商做到了。

# 第四章　出去玩的快乐，宅在家里的人不会懂

## 第一节
## 骑驴骑骡或骑牛，普通人家是没资格骑马的——平民出行

古代人的衣食住行中，其实“行”是相对比较无聊的。现代社会中有汽车、地铁、轮船、飞机、火车等各种交通工具，只要是想去的地方，换乘各种交通工具总能去得了。而古代人出行大多还是靠人力或者牲口，不管是从技术水平还是出行质量，现代出行方式都完美碾压古代出行方式。

这就可怜了古代要出远门的人了。普通老百姓可做不到像影视剧中的主人公那样策马奔腾，活得潇潇洒洒，大部分人可能连骑马的资格都没有。

以北方为例，虽然说只要你养得起马就能骑马，但能骑得起马的人终归是少数。相对于骡、牛、驴等牲口来说，马属于比较贵重的牲口，普通老百姓一般是没办法享受骑马待遇的。

明代的《村落嫁娶图》反映了江北村落嫁娶的场面。在这么隆重的场合，依然没有马的出现，画中的新媳妇是骑牛去夫家，两个村姑则是骑驴。所以普通人家是骑不起马的，大部分还是以骑牛和骑驴为主。

### 骑驴是法律规定的，御史也只配骑驴

并不是说只有老百姓才骑驴，按照明朝的法律，很多当官的也只能享受骑驴的待遇。这里要说一下明朝的御史。

明代御史的职责，说起来是很拉风的，官方定义为“天子耳目”。只要是大臣们犯的错，基本都在御史的管辖范围之内，不管是结党营私还是作威作福，甚至学术不端也在御史的弹劾范围之内。

都御史，职专纠劾百司，辩明冤枉，提督各道，为天子耳目风纪之司。凡大臣奸邪、小人构党、作威福乱政者，劾。凡百官猥茸贪冒、坏官纪者，劾。凡学术不正、上书陈言变乱成宪、希进用者，劾。遇朝觐、考察，同吏部司贤否陟黜。

——《明史》

可就是权力如此之大的一个职位，出行的时候是什么工具呢？

按朱元璋的规定，御史出门，不能骑马。那骑什么呢？很简单，驴。

这画面“太美”我不敢看。

这并不是朱元璋对御史这个职业有什么偏见，相反，朱元璋就是内心的想象力太丰富了，才故意给御史下绊子。在他的内心戏里，巡按御史的权力实在太大了，底层人民出身的朱元璋生怕御史借着官威胡作非为，所以人为地给御史这个职业做了限制。这个操作真的是太让御史丢脸了。

试看，身上穿的都是正儿八经的朝服，上绣垂云红日，下绣海水江崖，左右绣八宝或八仙，中央绣飞禽或走兽，如果不骑驴，看起来还是个人物。

但是一到坐骑这个环节，一下子就变成小毛驴了，不仅完全没有官威，甚至还有些寒酸。

官员们寒酸了，国库就富了。不用给这些御史大人配备高头大马，为国库省下了一大笔银两，而且从外观上，直接把御史从高高在上的天子耳目打压到了普通老百姓。

从这个层面说，骑着毛驴的御史可能是明朝历史上最没有官架子的官员了。

一直到宣德年间，有位叫胡智的御史实在受不了，直接给皇帝上了道折子：皇上我给你讲啊，不是我吹牛，现在我们御史出门办事，百姓看见了能笑疯一群，因为其他人都是骑高头大马，唯独我们御史骑一头小毛驴，请皇帝恩准我们也能骑马吧。

宣宗是个老好人，就让兵部的臣子把这事给废了，从此之后，御史出门才能骑马。

旧制，御史皆乘驴。宣德间，御史胡智言："御史任纪纲之职，受耳目之寄，纠劾百僚，肃清庶政。若巡按一方，则御史以朝廷所差，序于三司官之上，或同三司出理公务，三司皆乘马，御史独乘驿驴，颇失观瞻。自今请乘驿马为宜。"宣宗谓兵部臣曰："御史所言亦合大体，其从之。"

——［明］余继登《皇明典故纪闻》

## 好马配好鞍，好车配好轮

从使用体验上来看，骑马的体验肯定是要比骑驴好的，所以大家也舍得为好马配一副好鞍。明朝的马鞍跟电视剧里的差不多，一般是用牛皮做成大带形状，中间留出来很宽的位置，两头则逐渐变窄，边缘的地方用薄皮漆好，前后两侧再用铁圈收紧，基本上就是一副好鞍了。

对于一般人来说，这个配置就相当于现在的豪车了。试想一下，在一望无际的华北平原上，骑上这么一匹给力的小马驹，上下颠簸也不会有任何不适，心里别提多美了。

除了马之外，北方也靠车来载物什么的，根据牵引牲畜的不同，又可分为马车、牛车、独辕车、轿车等。其中又以骡车和马车的载重量最大，平时也用于日常出行，有四轮的马车，也有两轮的马车。

要说起舒适程度，还是四轮马车更舒服一点，马车停下时，不用外力帮助也可以四平八稳，车上的乘客不会受到颠簸；而两轮的马车停下来的时候，就需要用短木或者其他东西稳住车厢，否则就翻车了。

明朝的人在车厢方面也有了改进，他们不喜欢封闭式的车厢，而是喜欢更加透气宽敞的车厢，因此在车厢左右或前后都设计了门，乘客上车的时候更加便捷，整个车厢也更加通风，外出旅行时不会有焖烧罐的感觉，如果骡马给力，完全可以当作长途代步工具。

除了骡马之外，还有牛车，在北方主要用于拉货，其中又以山西装载草料的牛车居多，当地的人们习惯在牛颈上系个大铃，名叫“报君知”。正如一般骡马车的牲口也都系上铃铛一样，到了路窄的地方，牛脖子上的铃铛响起来，让对面的人知道这边来车了。

牛车以载刍粮，最盛晋地。路逢隘道则牛颈系巨铃，名曰“报君知”，犹之骡车群马尽系铃声也。

——［明］宋应星《天工开物》

南方也有车，但是南方的车“战斗力”普遍不太行，毕竟南方水系发达，用不到人力或者畜力来进行运输。人力或畜力是有限的，而大自然的力量却是无穷的。比如南方的独轮推车主要靠人力推着往前走，遇到路况复杂的地方就没办法继续前进了，最远也只能到达百里。反之，南方的船只要是有水的地方，都能去得了。

中国有一句俗话叫“南船北马”，简单的四个字就说明了南北方的交通形态。由于南北方地理条件不同，这种差异的产生也是自然而然的，而且在明朝，双方都在各自的领域里登峰造极了。

在明朝《出警图》中，皇帝銮驾离开京城去谒祖陵，出现了四只大象拖曳的大车和二十多匹骏马拉着的车。

同样是在明朝，郑和七次下西洋船队都阵容强大，可见当时的造船技术已经相当发达。要航行到如此之远的地方，船的质量已经达到了一个相当高的水平。

## 第二节
## 御史出门骑驴，防止公车私用有一套——官员出行

上文中提到御史只配骑驴，除了替国家节省开支之外，另一个主要原因就是明朝对于官府的“公车”有着非常严格的管理制度。在反腐倡廉这件事情上，明朝的开国皇帝朱元璋是非常认真的。

在明朝初期，百废待兴，各种规章制度也没有完全规范起来，在公车使用上也相互攀比，看谁家的马车装饰豪华，看谁家的轿子抬的人多。

虽然朱元璋没有念过几年书，也知道如此攀比不会有什么好下场，于是他“法体汉唐，参之宋典”，颁布了一系列关于公车的规章制度。比如明初的公车管理制度，规定三品以上的官员乘坐轿子，四品以下和京外的官员必须骑马，七品以下的官员只能骑驴，违反格杀勿论。

这一点还真的有点可怕，按照大部分人从古装电视剧里得来的经验，哪有当官不坐轿的。但实际上，明朝的官员就这么惨，三品大员才有资格坐轿，其他的就老老实实骑马骑驴吧。

永乐皇帝迁都北京后，大量官员进入京城，公车的使用频率也大为增加，但明朝的相关制度非但没有放松，反而更加严格，彻底让当官的死了钻公车漏洞的心思。

景泰四年（1453 年），代宗“诏令在京三品以上文官许乘轿，其余不许违例，在外各衙门俱不许乘轿。”

弘治七年（1494年），孝宗下令，“除奉有恩旨及文武例应乘轿者，止许四人扛抬。其两京五府管事，并内外镇守、守备等项，公、侯、伯、都督等官，不分老少，皆不许乘轿。”

嘉靖五年（1526年），世宗敕令，“两京五府及在外镇守公侯伯都督等官、皇亲驸马、在京四品以下文职，在外自三司以下官有乘轿，军职有上马用杌、舆乘小轿出入者，参问降调如例。”

嘉靖十五年（1536年）、隆庆二年（1568年）亦谕令重申，官员四品以下不得用帷轿。

前后八十多年，反复强调的一件事情就是三品以下官员不能坐轿。这已经成为明朝历代皇帝的一个心病了，生怕哪个不长眼的官员知法犯法，所以每隔几年就要专门拿出来说一遍。

即使这样，还是有一些官员在风口浪尖玩火自焚，如果不是皇帝给面子，这些官员不知道死了多少回了。

永乐元年，驸马都尉胡观越制乘晋王济熺朱辕棕轿，为给事中周景所劾。有诏宥观，而赐济熺书，切责之。惟文职大臣乘轿，庶官亦乘马。

——《明史》

这就犯了很大的忌讳了：驸马怎能坐藩王的专用轿子呢？

这事情被给事中周景知道之后，马上就上书弹劾驸马都尉了。手心手背都是肉啊，一个是驸马，一个是皇弟，打哪个都心疼。

最后明成祖下令：对驸马都尉胡观免予追究，对晋王下文“切责之”。

皇帝自己家的事情处理起来尚且如此谨慎小心，那普通官员在这件事情上犯了错，就不止这么简单了。

再拿监察御史这个高危职业来说吧。天顺六年（1462年），监察御史李杰乘“八抬大轿”巡按直隶。不知道李杰是怎么想的，竟然会狂妄到坐八抬

大轿出去为皇帝打工，不出所料，果然遭到了弹劾，加上其他一些违法事实，直接被下到了锦衣卫监狱。

最后还是英宗皇帝找了个理由，说李杰性格乖张跋扈，不适合做御史，那么就降为典史，由正七品降为小吏，至少性命是保住了。

且杰乘八人轿，擅操歇班，官舍违法甚多，遣官往核之，遂执杰下锦衣卫狱鞫。送刑部论杰当赎徒还职，上以杰乖宪体不可复任御史，故降之。

——《明英宗实录》

同样的事情还有很多。明朝的官员在坐轿这件事情上似乎有一些执念，越是皇帝老儿不让做的事情，越要拼了命去尝试一下。李杰的事情发生一百多年之后，隆庆二年(1568年),给事中徐尚弹劾孙文栋、曹文炳等人坐轿出入，违反规定，其中曹文炳还应该被重罚。

穆宗没有办法啊，规章制度在那里摆着呢，只能罚扣了孙文栋等人的俸禄，罢了曹文炳的官职，并下令北京、南京的武官“非奉特恩”，不许坐轿。

南京给事中徐尚等劾南京协同守备应城伯孙文栋、掌左府兼管操江巡江豊润伯曹文炳、掌右府永康侯徐乔松各用轿出入，骄僭无状，而文炳尤黩货法当重处。上命夺文栋、乔松禄二月，文炳革任闲住。仍谕两京武职非奉特恩不许擅自乘轿，文官四品以下不得私用帷轿，违者听部院科道参奏。

——《明穆宗实录》

这就把话说得不能再明白了：不是皇帝我亲自开口说让你们坐轿子，你们谁都甭想坐轿子，谁要坐轿子，我就不给他发工资。

## 公车私用非小事

不仅对于乘车坐轿这件事情非常在乎，朱元璋对于公车私用也是深恶痛绝，严格规定公车不许私自借用，一旦官员违规使用公车被发现或弹劾，就会受到包括罚俸、革职、杖责、枷号在内的处罚。

甚至这件事情还被专门写进了法律。《大明律》中单列了“私借驿马”一条：“凡驿官，将驿马私自借用，或转借与人，及借之者，各杖八十。驿驴，减一等。验日追雇赁钱入官。若计雇赁钱重者，各坐赃论，加二等。”

也就是说，当驿官的不管是私自借用驿马，还是转借给其他人，一旦被发现了，双方都要被打八十杖，如果有其他违法情节，还会罪加一等。

既然驿马不能借用，那么如果官员因公出行，能不能搭个便车呢？

答案绝对也会让你大吃一惊。

明朝法律对官员们因公乘坐官府车船时随身携带的私人物品重量做了非常严格的要求。

官员因公乘坐官家的交通工具，私人物品不能超过十斤，超过十斤之后，就开始阶梯式的惩罚：没超过五斤打十杖，超过十斤罪加一等，最高可以打六十杖，基本就是把小命交代在公车私用上了。

乘坐官府的车船，惩罚会稍微轻一点，超过三十斤之后，每超过十斤打十杖，最高可达七十杖。

最可怕的是用官府的公车只办理自己的私事，那就免了杖责的环节，直接砍脑袋。

在严禁公车私用方面，朱元璋甚至有点不近人情，在官员离任和上任时，也严禁公车接送，完全靠自己找交通工具。

如果因为自身经济条件或者交通条件的因素找不到合适的交通工具，那么不好意思，只能步行去上任了。在交通条件十分不便利的明朝，有些官员在上任的路上就要耗费好几个月的时间。

## 权臣当道，公车管理成一纸空文

从上面提到的一些案例来看，明朝对于公车的管理还是非常严格的，但这其中也会有一些反面例子，这也是由明朝特殊的历史背景所造成的。大家想，明朝的皇帝都能荒唐到几十年不上朝，那么底下的权臣自然是作威作福、无法无天了，一辆小小的公车算得了什么。

以鄢懋卿为例，在历史上，这位的名声虽然不如严嵩和严世藩父子大，但作为严嵩和严世藩父子的狗腿子，那也贪污了不少真金白银，甚至连清官海瑞在担任淳安知县的时候，也曾经因为和严嵩对着干而被罢官。

当时正值户部因两浙、两淮、长芦、河东的盐政发生困难，需要派遣一名大臣前往总理盐政，严嵩于是任用了鄢懋卿。

按照明朝旧制规定，大臣办理盐政，没有总理四盐运司的先例。试想一下，如果全国几个产盐区的管理机构“都转运盐使司”都由一个人负责，那基本就是手握了朝廷相当大的一块财政收入。

可是在鄢懋卿这里，他一个人就管了四个，这种事情在明朝还从来没有发生过，加上他背后的靠山是严嵩父子，所到之处干的都是索贿纳贿的勾当，连一省主管司法、监察的按察使和知府、知州、知县等，都向其跪拜，足见此人气焰熏天。

> 会户部以两浙、两淮、长芦、河东盐政不举，请遣大臣一人总理，嵩遂用懋卿。旧制，大臣理盐政，无总四运司者。至是懋卿尽握天下利柄，倚严氏父子，所至市权纳贿，监司郡邑吏膝行蒲伏。
>
> ——《明史》

至于礼制方面，鄢懋卿几乎就没有遵守过。他本人就比较喜欢奢侈的作风，甚至用彩锦装饰厕所，用白银装饰便溺器皿。为了掩饰这些违法乱纪的事实，他每年送给严氏父子和诸位权贵的财物，更是不可胜计。

接下来就要说到他在外出行的事情了。鄢懋卿外出视察时，经常与妻子同行，专制成五彩舆，让十二个女子抬着，道路上人们看到无不惊骇。

按照规定，鄢懋卿属于正三品的官员，只能坐四人抬的轿子，但是他却用的是十二人抬的大轿，而且抬轿的又是女子，在朝廷规定的各种等级的轿子中，甚至找不出来他坐的“五彩轿”，这种堂而皇之违反礼制的行为让路人无不惊骇。

两淮的余盐，之前每年征收白银六十万两，到鄢懋卿掌盐政时，直接增加到一百万两。鄢懋卿离任后，巡盐御史徐旷竭力上言其害处，于是又恢复到征收六十万两的旧制。

严嵩倒台后，御史郑洛弹劾鄢懋卿和大理寺卿万采两个人贪财黩货，于是两人被免去职务，然后又发现万采私藏了严氏的八万两银子，鄢懋卿从万采那里骗来了其中二万两，事情败露之后，两人被先后罚去戍边。

> 懋卿性奢侈，至以文锦被厕床，白金饰溺器。嵊时遗严氏及诸权贵，不可胜纪。其按部，常与妻偕行，制五彩舆，令十二女子舁之，道路倾骇。
>
> ——《明史》

由此看出，虽然皇帝对于官员的出行标准有着非常严格的要求，但也有天高皇帝远或者皇帝选择性失明的情况，对于一些权臣公车私用视而不见。

加上明朝中后期，商品经济的日益繁荣催生了社会风气由简朴转向奢华，人们的消费观念也从明朝初期的节俭变成了中后期的奢侈，别说朝廷的官员们偷摸着坐轿子，有钱有势的人家也都备有轿子，社会上也出现了大量租赁性质的轿子。

根据谢肇淛在《五杂俎》中的记载，他在万历年间登科的时候，大家还都是骑马出行，偶尔遇到大风大雨，才有乘舆的，而后过了二十年，连骑马的人都没有了，大家都开始习惯了出门乘舆坐轿，在京城里靠这行吃饭的几乎上万人，也不是说朝廷不能禁，而是已经没有必要禁止了。

国初进士皆步行，后稍骑驴。至弘、正间，有二三人共雇一马者，其后遂皆乘马。余以万历壬辰登第，其时郎署及诸进士皆骑也。遇大风雨时，间有乘舆者，迄今仅二十年，而乘马者，遂绝迹矣，亦人情之所趋。且京师衣食于此者殆万余人，非惟不能禁，亦不必禁也。

——［明］谢肇淛《五杂俎》

整个社会的风气已经是以奢侈为美了，这时，再出台禁令来约束官员，让他们徒步或者乘马、驴出行，又或者要求官员必须乘坐以前那种简陋的公车，须知道“由俭入奢易，由奢入俭难”，恐怕没有几个官员会支持这种禁令，皇帝也心知肚明，干脆就不管了。

在公车管理方面，咱们的老祖宗其实是下了很多心思的。从朱元璋开朝以来，就在这方面立下了不少规矩，后来的很多位皇帝又不断完善公车管理制度，但是在封建社会中，还是避免不了很多权臣不断地打破规矩，最终沦为了一纸空文。

## 第三节 八卦消息聚集地，夜航船催生“段子合集”——夜航船

说到夜航船，首先需要提及的是明末张岱所编的《夜航船》一书。

作为后世公认的著名散文家，张岱更多的时候被大家称为“小品圣手”。很多人可能仅是知道《湖心亭看雪》等作品，对于他写的“段子合集”《夜航船》都没怎么听说过。

张岱的《夜航船》可以看作是一本小的百科全书，从天文地理到人事都有所涉及，而书名“夜航船”则源于明清时期江南水乡一种特殊的内河交通工具。

如上文所说，北方多乘坐车马，南方多乘船出行，当时的人们统称为航船，夜航船属于航船的一种。一般来说，在白天出发，可以当天返航的称为航船，路程较远需要夜行的，则称为夜航船。

### 弯着腰才能进出的短程船

明朝，行船也有一定的风俗习惯：苏州以北，一般是白天行驶，无夜行之船；苏州以南，则昼夜船行不息。尤其是从湖州至各处，全是夜船，仅有震泽、乌镇两处有日船可搭，从湖州府城中的四门，发往东、西、南、北四个方向的夜船，以南门去往杭州的夜航船为例，三十六里至菱湖，又三十六

里至敢山，又二十里至雷店，又二十里至武林港，南五十里至北新关，二十里至杭州府，这个效率是相当之高了。

东门夜船七十里至震泽，一百三十里至苏州灭渡桥。至南浔六十里。至乌镇九十里。至练市七十里。至新市八十里。至双林五十里。

西门夜船至浩溪、梅溪，并九十里。至四安一百二十里。至长兴县六十里。至和平五十里。南门夜船至瓶窑一百四十里。至武康县一百七十里。至山桥埠、德清县，并九十里。

北门夜船九十里至夹浦，过太湖，广四十里。入港，九十里至宜兴县。

南门夜船三十六里至菱湖，又三十六里至敢山，又二十里至雷店，又二十里至武林港。南五十里至北新关，二十里至杭州府。

湖州至各处，俱是夜船，惟震泽、乌镇二处，亦有日船可搭。

——［明］黄汴《天下水陆路程》

南方船只的分类有很多种，按照航行水域的维度，可以分为江船、海船、内河之船、湖泖之船，而夜航船则属于内河之船。按照夜航船的续航能力，也没有能力去什么江河湖海，内河的风浪和海上的风浪完全不可同日而语，乘着内河船去海上基本属于送命。

内河之船又分为官航和民舶。官航指的是官府使用的官船，民舶又根据用途的不同分为很多种类，比如香船是用于百姓进香，游山船是游客所用，船舱上面坐客，下面装载货物，夜航船则属于夜间航行的内河船，主要也是载客所用。

作为一种内河航运工具，夜航船的出现应该是在宋代。更早的时候，在晚唐皮日休的诗中就曾经出现过“夜航”的字眼。

在宋元时期，常有文人夜间乘坐船只赶路或者出行，也称为夜航船，比如元朝的陈高曾经半夜从丹阳出发，还因为在船上睡得不踏实，天还没亮就坐在船头等着鸡叫。

舟子贪风顺，开帆半夜行。

天寒四野静，水白大星明。

长铗归何日？浮萍笑此生。

柁楼眠不稳，起坐待鸡鸣。

——［元］陈高《夜半舟发丹阳》

而《中吴纪闻》中所记载的“浙西”指的是长江以东、浙江以西的太湖流域，这也是明朝时狭义上的“江南”。

夜航船唯浙西有之，然其名旧矣。古乐府有“夜航船”之曲。皮日休答陆龟蒙诗云：“明朝有物充君信，榴酒三瓶寄夜航。”

——《中吴纪闻》

到了明朝，乘坐航船出行已经非常流行。在苏州城乡之间往返时，小商贩都会选择航船出行，白天自不用说，晚上的夜航船也是一年四季都有。

等到冬天，乘坐夜航船的旅人拥挤，窗户里漏风的声音夹杂乘客的谈笑声，已经成了夜航船独特的风景。

吴中乡镇四布，往返郡城，商贩必觅航船以代步，日夜更番，迭相来往，夜航之设，固四时皆有之。惟是残冬将尽，岁事峥嵘，夜航之中，行人拥挤，长途灯火，肃肃宵征，瑟缩篷窗，劬劳堪悯。其中间有豪客诙谐，笑谈风发，或唱无字曲，歌呼呜呜，声闻远岸，其情景亦有可纪者焉。

——［清］袁学澜《吴郡岁华纪丽》

这里就要提一下航船的样式了。按照现代人的看法，躲在船舱里，即使冬天也不用考虑天寒地冻的问题。但明朝的航船大部分都是用箬叶编的船篷，四周再用厚木板围起来，这样的装备在冬天的江流上，想一想都很冷，到了晚上温度骤降时，完全没有什么坐船的快乐体验。

同时，一些小航船的空间比较逼仄，只留下来一个出入的门，在这样的船舱里，只能弯着腰佝偻着进出。而且因为上重下轻，很容易翻船。

民间造船，各因地利水势，大抵皆卷箬蓬盖之，或用锁服板，则货在板下，人宿板上，下重上轻，便于波浪。独小航船厚板周札，高方如椟，仅留一门，非伛偻不能出。又牢固如窒，上重下轻，既难举动，又易倒溺，此何拙也。有客对曰："此昔天下未平，江、淮间奸人为盗，故造此以阱孤商，使不得仓卒应变。行之久远，各效其式，遂成便利耳。今欲改造，其伙中群挤之矣。"此言虽近戏，细思之未必不尔。

——［明］叶权《贤博编》

虽然夜航船有一些不便利的地方，但是作为在夜间可以航行的交通工具，对于一些赶时间的行人来说，夜航船也是刚性需求了。

## 八卦消息聚集地

坐夜航船本身已经够辛苦了，如果再不找点乐子，就只能跟前文的陈高一样，晚上睡不着觉在船头枯坐一夜了。

好在夜航船的乘客一般都比较多，如同上文中提到的"其中间有豪客诙谐，笑谈风发，或唱无字曲，歌呼呜呜，声闻远岸"，有擅长社交的乘客高谈阔论讲段子，有的时候还会哼小曲，声音甚至会传到远处的岸边，这种场景想象起来还是挺有趣的。

在这些乘客里，有赴试的科举士子、回乡或者赴任的官员，也有出门经商的商人，还有普通的乡民，乘坐人员可以说是形形色色。

作为一种公共场域，夜航船是流动的，中间停歇之处，不断有客人上下船，将城市、市镇、村落连接起来。借助于水乡独特的航行网络，以流动着的夜航船为媒介体，在明清江南形成了一种独特的信息传播网络，大家在夜航船里闲聊侃大山，互相交流旅途中见闻的一些趣事，传一些其他人的八卦消息。

《儒林外史》中曾经记录了宦成在杭州乘坐夜航船的时候，跟同舱的乘客打听一位"权老爷"的信息，没想到同舱的乘客给他讲了一些权老爷的糗事。

这宦成奉着主命，上了杭州的船。船家见他行李齐整，人物雅致，请在中舱里坐。中舱先有两个戴方巾的坐着，他拱一拱手，同着坐下。当晚吃了饭，各铺行李睡下。次日，行船无事，彼此闲谈。宦成见那两个戴方巾的说的都是些萧山县的话。

下路船上，不论甚么人，彼此都称为"客人"，因开口问道："客人，贵处是萧山？"那一个胡子客人道："是萧山。"宦成道："萧山有一位权老爷，客人可认得？"那一个少年客人道："我那里不听见有一个甚么权老爷。"宦成道："听见说，号叫潜斋的。"那少年道："那个甚么潜斋？我们学里不见这个人。"那胡子道："是他么？可笑的紧！"向那少年道："你不知道他的故事，我说与你听。他在山里住，祖代都是务农的人，到他父亲手里，挣起几个钱来，把他送在村学里读书。读到十七八岁，那乡里先生没良心，就作成他出来应考。落后他父亲死了，他是个不中用的货，又不会种田，又不会作生意，坐吃山崩，把些田地都弄的精光，足足考了三十多年，一回县考的复试也不曾取。他从来肚里也莫有通过，借在个土地庙里训了几个蒙童。每年应考，混着过也罢了；不想他又倒运，那年遇着湖州新市镇上盐店里一个伙计，姓杨的杨老头子来讨帐，住在庙里，呆头呆脑，口里说甚么天文地理，经纶匡济的混话。他听见就像神附着的发了疯，从此不应考了，要做个高人。”

——［清］吴敬梓《儒林外史》

在夜航船中，自然而然会传播类似“权老爷”这样的八卦消息，同船的人二次传播和加工之后，就可能会成为流传至今的故事或者段子了。

张岱的《夜航船》就是在这样的背景下产生的。作为一本包罗万象的杂书，张岱在书中记录了很多有趣的文化与生活常识，就像他本人所说的，都是一些眼前肤浅的事情，“皆眼前极肤浅之事，吾辈聊且记取，但勿使僧人伸脚则亦已矣”。

但这些趣闻和段子正好可以成为夜航船的乘客在旅途中的谈资，有这么一本书，绝对可以让你成为夜航船旅途中的“段子达人”。

从现代人的角度来看，这本书里的很多事情已经不可考据或者有些荒诞，但在明朝，作为夜航船上的奇闻怪谈，绝对可以让整船的人都佩服你的博闻强识。

比如种了果树到了挂果期，还不结果，那就在除夕夜，先派一人躲到树下，另一人手持利斧吓唬果树：“今年结果不？如果不结果，我就把你砍了当柴烧！”

这时，躲在树下的那个人就替树回答：“我生！我生！”这样吓唬果树之后，当年就会挂果。

树不生果，除夜着一人伏树下，一人持斧问云：“你生果否？不生，斫汝作柴！”树下一人应云：“我生！我生！”是年即结实。

——［明］张岱《夜航船》

这种方式已经被完美复制到了现在短视频哄小孩吃饭的场景中：在小孩旁边放一个玩偶，小孩不吃饭的时候就吓唬玩偶吃饭，从这个角度来看，果

树和玩偶的工具人定位已经是板上钉钉了。

还有帮助人们省钱的办法，比如在灯油里面加点桐油，加点盐，就可以起到省油的效果，这些小偏方在现代社会已经没有用武之地了。

读书灯香油一斤，入桐油三两，耐点，又辟鼠耗。以盐置盏中，省油。

——［明］张岱《夜航船》

夜航船作为八卦消息的聚集地，为平民百姓的生活增添了不少乐趣，也为文人的作品创作提供了很多素材，这一点上，夜航船绝对是功不可没。

## 夜航船的安全隐患

任何人多眼杂的交通工具上，都会出现一些小偷小摸的事情，夜航船也不例外。三教九流的乘客聚集在一个相对狭小的空间，自然会有人以敲诈盗窃为生。总体来说，夜航船上的安全隐患主要包括敲诈勒索、劫货劫财、偷盗财物等。

《新民公案》中曾经记载了这样一出劫货的案件。商人龚一相听说潮州的册纸卖得贵，就从江西进了一批货去潮州卖，半夜停泊在潮州城外的时候，就被一伙儿惯贼给打劫了。

邵武客人龚一相，因大造黄册年分，闻广东潮州册纸甚贵，遂往江西永丰七里街，贩得毛鞭黄册纸二十担，载舡竟往潮州去卖。一日，已到潮州，离城五里，海湾处泊宿。时夜二鼓前后，并无舡伴。不想有潮州惯贼竹青看见，遂转城中，纠得伙伴郎因、季正贤、梅廷春等，带领凶党二十余人，明火执枪，走到舡中，将册纸尽数劫去。

——［明］吴迁《新民公案》

久而久之，航船的乘客都总结出来一套判断强盗小偷的办法：如果同船搭乘之人衣冠整齐，又没有带什么行李，踪迹还有点可疑，那么不是“拐子”就是“陶摸、吊剪”之流。

这些人在船上骗取或者偷窃客人财物的花样可多了，有自己设下赌局找托儿骗人的，有给食物中下迷药偷钱的，船上的乘客如果不能辨别这些人的骗局，钱财就会被骗被盗。

尤其是苏州、杭州、湖州一带的船家，他们载人的航船，通常是人居上层，行李藏于板下，乘客一不谨慎，钱财、行李就被一窝端了。

同船搭伴之人，或人物衣冠整齐，无甚行李，踪迹可疑者，非拐子即掏摸、吊剪之流。或自相赌戏以煽诱，或置毒饼果以迷人，或共伙党而前后登舟，或充正载而邀吾人伴。若不识其奸，财本遭掳，又苏杭湖船，人居上层，行李藏于板下，苟不谨慎，多被窃取。

——［明］程春宇《士商类要》

如果在航船上发生安全事件，也分不同的责任主体方：如果属于船户监守自盗，那么就让船埠先行赔偿，因为船埠作为航船的管理者，要负连带责任；如果是客户专门雇来的船，而船户因为种种原因，让小偷强盗上了船，以致最后客户的财物被盗，那么就由船户先行赔偿。

这对于船户的要求还挺高的，不但要有能掌控夜间航行的一双夜视眼，而且还要有一双能预判小偷强盗的慧眼，否则东西被偷了，真的是没地方诉苦。

# 第五章　最高级的浪漫，是哼得了小曲，唱得了山歌

## 第一节
## 士大夫消闲好去处，梨园斗戏成常事——戏曲

明代文化人的休闲生活也是相当丰富的，从逛梨园唱曲到宴席上唱民歌，这些文化人总是能找到消遣的好去处。明朝的士大夫不但下场写剧本，有条件的士大夫还自己养着家乐班子。

不仅士大夫如此，普通的百姓也都是票友，平时为了生活疲于奔命，只有在台下看戏的一时三刻，疲劳的神经才可以得到短暂的放松。

### 朱元璋颁发“限娱令”，连唱戏都不许

但在明朝初期，对于戏曲可完全不是这个政策，那时候对于唱戏是严令禁止的。

这个时候又要提到咱们的开国皇帝朱元璋了，不得不说，朱元璋管得可真宽啊，在他心中，凡是跟找点乐子有关的娱乐活动，基本都应被禁止。

洪武二年（1369 年），太祖令“各州、府、县均需设立学校，以周礼、六德、六行、六艺为主要课题，礼延师儒，教授生徒，讲论圣道，以复先王之礼，以革污染之习，此最急务，当速行之”。

这里所说的“复先王之旧”实质上是指继承传统。对于朱元璋来说，他要兴盛礼仪文化，即“圣道”，所以开国之初恢复儒家文化，让明朝的文化

回归。

对应的“污染之习”则是指从元朝承袭下来的不良风气，这些所谓“不良风气”中也包含在元朝盛极一时的唱戏演剧等行为。对于朱元璋来说，这些属于导致元朝最终走向衰亡的因素，所以他颁发了很严厉的“限娱令”，务必要将它们禁绝。

在这一方面，朱元璋的手段甚至有些残忍，他一度命令士兵在街上的高楼监听饮酒作乐的人，一旦发现，就倒吊在高楼上，三天之后活活吊死。

元明人多恒歌甜舞，不事生产，明太祖于中街立高楼，令卒侦望其上，闻有弦歌饮博者，即缚至倒悬楼上，饮水三日而死。

——［清］李光地《榕村语录》

在朱元璋心中，苛政可能不是猛于虎的存在，声色才是。在他跟吏部尚书詹同的对话中，对于娱乐业的评价就是“甚于鸩毒”，一旦人沾染上了声色的爱好，就会很快完蛋。

声色乃伐性之斧斤，易以溺人，一有溺焉，则祸败随之，故其为害，甚于鸩毒。

——［明］余继登《皇明典故纪闻》

更为可怕的是，朱元璋对于娱乐业的看法一直如此。过了二十年之后，在洪武二十二年（1389年）三月，还下旨要求把京中学唱的军官军人割了舌头；下棋打双陆的，砍断手；蹴圆的，卸脚；做买卖的，发边远充军。这种惩罚也过于严苛了。

洪武二十二年三月二十五日奉圣旨:“在京但有军官军人学唱的，割了舌头；下棋打双陆的，断手；蹴圆的，卸脚；作买卖的，发边远充军。”

——［明］顾起元《客座赘语》

到了到永乐九年（1411年）七月，刑科都给事中曹润等上奏，建议今后有百姓、倡优装扮杂剧，除了法律规定内的神仙道扮、义夫节妇、孝子顺孙、劝人为善以及歌颂欢乐太平之戏不加禁止之外，其他只要有亵渎帝王圣贤的词曲、驾头、杂剧，或者收藏、传诵、印卖，一概拏送法司究治。

这个奏折绝对是顺着皇帝的意思写的，朱棣看到之后，心里没准都乐开了花，正儿八经地下旨：

但这等词曲，出榜后，限他五日都要干净，将赴官烧毁了，敢有收藏的，全家杀了。

——［明］顾起元《客座赘语》

之所以对戏曲杂剧管理得如此严苛，主要还是出于对自家统治地位的考虑，但这种规定本身是有违人性的，但凡是个正常人，都有娱乐的心理需求。难道哼两句小曲就能亡了国？明朝的士大夫才不信这一套。

所以，到明朝中期之后，对于戏曲的禁令基本成为一张白纸，没有人去理会了。连皇帝自己都沉迷于戏曲之中无法自拔。明宪宗喜欢听杂剧和散词，基本上把全国的词本都搜罗到皇宫中了。明武宗也是同样的爱好，喜欢听戏剧和散词，有向他进贡词本的，就可以得到丰厚的赏赐。徐霖、杨循吉、陈符等人为了满足皇帝的这项爱好，进贡的词本不下数千本。

人言宪庙好听杂剧及散词，搜罗海内词本殆尽。又武宗亦好之，有进者

即蒙厚赏。

——［明］李开先《张小山小令后序》

如果朱元璋知道自己的子孙后代如此打脸，估计能气得从棺材里直接坐起来。

##  戏班子之间也“内卷”，不服就对战

既然从上到下对于戏剧都有需求，这其中也自然而然地出现了职业戏班。所谓的职业戏班，指的是那些靠自身的表演可以赚取报酬的“科班演员”，在表演水准和出场报酬上，都要比街头卖艺的演员高上不少。

大城市由于人文气息和经济发展等优势，自然成为职业戏班云集之所。比如明朝晚期的首都北京，基本上是所有职业戏班必须去一次的地方。加上北京讲究的达官贵人比较多，这部分人对于戏曲的需求也主要依靠职业戏班来满足。

这也并不是说水平低一点的职业戏班就没了活路。演唱水平较低的职业戏班一般会选择去小县城和农村演出，他们的受众一般是普通市民和老百姓，虽然赚的钱跟一线成熟的大戏班是天壤之别，但好歹能混口饭吃。

说到大城市的士大夫有多喜欢听戏，明朝晚期的祁彪佳在《祁忠敏公日记》中记录了许多他观看戏曲的记录。以《香囊记》为例，祁彪佳分别在北京和绍兴观看《香囊记》演出三次：崇祯五年十月初九日“再赴刘汲韦席，同席皆越中亲友也，观《香囊记》”；崇祯六年二月十五日“观《香囊记》，客散，已鸡鸣矣”；崇祯十一年四月二十二日“观《香囊记》”。

他观看的其他戏曲就更多了，《拜月剧》《彩楼记》《绣襦记》《西楼记》《双红记》《浣纱记》观看了四次，《香囊记》《百花记》《连环记》《花筵赚记》《石榴花记》《红拂记》《鹣钗记》各三次，还有很多，基本上每逢聚会必看戏。

在士大夫把梨园当作主要休闲场所的背景下，戏班子自己也内卷起来了，唱对台戏也成了不少戏班子对垒的形式之一。

侯方域的《马伶传》曾经记录了一名职业艺人为了击败对手，甚至去与剧中类似的场景中体验生活，最终获得观众认可的故事。

南京当时有两个著名的戏班，一个叫兴化部，一个叫华林部，有一家商人同时邀请了这两个剧团来演《鸣凤记》，戏中的重要看点是主人公奸臣严嵩。

两个剧团扮演严嵩的演员，分别叫李伶和马伶。对台戏开始后，李伶扮演的严嵩，一下子压过了马伶的严嵩，结果观众们纷纷涌过去看李伶，反而把马伶扔在一边。

演出还没有结束，马伶就羞愧而逃，之后一度不知所终。他所属的兴化部不愿意换演员，由此华林部就成为南京城独树一帜的戏曲品牌，而李伶也因此成了南京城的头牌演员。

没想到过了三年，一个爆炸性新闻在票友中传开——马伶回来了，还放出话来，愿意和李伶再现场比试一次，看看谁演的严嵩好，不为别的，就为大家聚在一起开心一次。

一时间，几乎全南京的票友云集。这次开演后，全场几乎都震撼了，马伶塑造的严嵩活灵活现，而演出还没进行到一半，李伶就当场给马伶跪下来叫师傅。

事后大家追问马伶，他那出神入化的表演是怎么做到的。马伶回答：天下扮演严嵩的艺人中，李伶就是数一数二的了，但是他又不肯教我，我听说京城大学士顾秉谦的为人，时人都说不亚于严嵩。所以我离开南京后，独自一人到北京，跑到大学士顾秉谦家里做差役，在他们家干了三年杂活，日日夜夜仔细体察他的一举一动，听他怎么说话谈笑，最终从形似到神似，这就是这次表演能成功的关键。

马伶者，金陵梨园部也。金陵为明之留都，社稷百官皆在，而又当太平盛时，人易为乐。其士女之问桃叶渡、游雨花台者，趾相错也。梨园以技鸣者，无虑数十辈，而其最著者二：曰兴化部，曰华林部。

一日，新安贾合两部为大会，遍征金陵之贵客文人，与夫妖姬静女，莫不毕集。列兴化于东肆，华林于西肆，两肆皆奏《鸣凤》，所谓椒山先生者。迨半奏，引商刻羽，抗坠疾徐，并称善也。当两相国论河套，而西肆之为严嵩相国者曰李伶，东肆则马伶。坐客乃西顾而叹，或大呼命酒，或移座更近之，首不复东。未几更进，则东肆不复能终曲。询其故，盖马伶耻出李伶下，已易衣遁矣。马伶者，金陵之善歌者也。既去，而兴化部又不肯辄以易之，乃竟辍其技不奏，而华林部独著。

去后且三年而马伶归，遍告其故侣，请于新安贾曰："今日幸为开宴，招前日宾客，愿与华林部更奏《鸣凤》，奉一日欢。"既奏，已而论河套，马伶复为严嵩相国以出，李伶忽失声，匍匐前称弟子。兴化部是日遂凌出华林部远甚。其夜，华林部过马伶："子，天下之善技也，然无以易李伶。李伶之为严相国至矣，子又安从授之而掩其上哉？"马伶曰："固然，天下无以易李伶；李伶即又不肯授我。我闻今相国昆山顾秉谦者，严相国俦也。我走京师，求为其门卒三年，日侍昆山相国于朝房，察其举止，聆其语言，久乃得之。此吾之所为师也。"华林部相与罗拜而去。

——［明］侯方域《马伶传》

为了让自己的演技更上一层楼，甚至不惜放下身段去别人家里当杂役，放在今天，马伶这样的演员，绝对是一个励志的典范。胜过李伶之后，马伶自然地取而代之成为南京城里的头牌演员，出场费自然也水涨船高。

在万历年间，职业艺人的出场费已经从一场一两银子，逐渐增加到四五两，最后甚至增加到十几两银子，对于一些有特殊要求的演出，收取的费用会更贵。

张岱在《陶庵梦忆》记载了一位叫彭天赐的票友。作为一个非职业演员的贵家子弟，他沉迷于戏剧，为了一出戏，请别的职业演员到家里教自己，一次性就花了几十两金子。这种挥金如土的花钱方法，就算家里有数十万家产，也很快就被糟蹋完了。

彭天锡串戏妙天下，然出出皆有传头，未尝一字杜撰。曾以一出戏，延其人至家，费数十金者，家业十万，缘手而尽。

——［明］张岱《陶庵梦忆》

看来，学艺术不管在哪个朝代都是一件费钱的事情啊！

## 自家置办家班艺人

除了职业戏班之外，明朝中期之后，士大夫和富贵人家也开始自己在家中置办戏班。以士大夫为例，这些人大部分是戏曲的忠实爱好者，赋闲在家或者退休之后，就在家里置办了家班艺人，单纯图个乐子。

张岱曾经记录了去阮大铖的家班看戏的情景。阮大铖此人的人品虽差，但作为南明王朝的东阁大学士，在戏曲艺术方面还是有很深的造诣的，他的家班演的大都是自己编的戏。每次排演前，阮大铖都给演员一字一句地讲解，力求每个演员都理解剧中的文辞和思想，做到“本本出色，脚脚出色，出出出色，句句出色，字字出色”。

阮圆海家优，讲关目，讲情理，讲筋节，与他班孟浪不同。然其所打院本，又皆主人自制，笔笔勾勒，苦心尽出，与他班卤莽者又不同。故所搬演，本本出色，脚脚出色，出出出色，句句出色，字字出色。

——［明］张岱《陶庵梦忆》

除了士大夫之外，另外一个养得起家班艺人的就是富豪商人。这些人大部分并不是票友，而是附庸风雅，想借助家班艺人结识更多的官员，获得更多的经济利益。

张岱也在《陶庵梦忆》中记录了一个地主富商朱云崃培养家班艺人的事迹，这位朱老板培养家班艺人，特别希望在宴请宾客的时候得到宾客的夸赞，得到一句赞美之言，就要亲自走到戏房告诉女伶们，这样频繁进出，也不嫌累得慌。

与此同时，这位朱老板的培养方法也是有一套。教戏之前，他先教琴、琵琶、提琴、弦子、箫管，鼓吹、歌舞，比喜欢戏曲的达官贵人更加用心。

朱云崃教女戏，非教戏也。未教戏先教琴，先教琵琶，先教提琴、弦子、萧、管，鼓吹歌舞，借戏为之，其实不专为戏也。郭汾阳、杨越公、王司徒女乐，当日未必有此……云老好胜，遇得意处，辄盱目视客；得一赞语，辄走戏房，与诸姬道之，傯出傯入，颇极劳顿。

——［明］张岱《陶庵梦忆》

在家班中，又分为以女演员为主的女班和以男演员为主的男班，上文提及的朱云崃家中置办的就是女班。不管女班还是男班，主要是主人出资招募艺人，根据角色和潜力招募幼童幼女，聘请专业的艺人教练进行训练，然后再采买行头，艺成之后就可以登场。

很多情况下，家班艺人也并不会在家班里干一辈子。有的家班艺人长大之后就脱离了戏班，有一技傍身完全可以加入职业戏班谋生。像上文中朱云崃生性多疑，女伶们的房间重重封锁，夜里他还巡查，女伶们对他恨之入骨，等到这些女伶有独立能力之后，就可能会弃他而去了。

且闻云老多疑忌，诸姬曲房密户，重重封锁，夜犹躬自巡历，诸姬心憎之。

——［明］张岱《陶庵梦忆》

至清初以后，一部分家班也逐渐开始向半职业化戏班过渡，成为主人获取演出收益的工具。虽然没有像职业戏班那样成为专门的演出群体，但也实现了从私人场合向公共场合的过渡。

从以上两个方面来说，家班艺人也是明朝戏曲文化重要的组成部分。像上文中阮大铖的家班艺人如果到市场上，一点都不会比职业戏班差。

# 第二节 冯梦龙竟能让《千家诗》唱出来——山歌

除了戏曲之外，明朝的士大夫文人还对另外一种文化载体颇有偏爱，那就是山歌。

明朝的山歌其实就是民歌。不同于吟诗作词等相对高雅的文人活动，山歌当时似乎不符合士大夫的身份。

既然如此，明朝的文人为什么喜欢唱山歌？

##  普通老百姓，还是喜欢接地气的东西

明朝之所以喜欢民歌这种艺术形式，从根本上来说，是因为商品经济发展到了一个相当高的水平，直接影响了市民文化的兴起，加之自上而下的文化政策发生了改变，整个社会的思潮产生了完全不同的变化，民歌的兴起也就不足为怪了。

普通市民兜里有钱了，就乐意去找一些可以承载自己精神生活的东西，就如同现代社会中流行歌曲的盛行一样，大家不再为吃喝犯愁的时候，就有更多的心思去想怎么娱乐了。

明朝民歌的流行程度甚至比现在的流行歌曲还要夸张。现在的流行歌曲至少不能曲调重复，否则肯定会被打上抄袭的标签。但是在明朝的时候，

这种靠口口相传的民歌也找不到创作者，很多曲调相似的民歌都能得到传播。

沈德符曾经记录过《打麦竿》《挂枝儿》两首民歌在明朝的流行程度，不管男女老少，不管什么职业，大家都非常喜欢听，甚至还把这两首曲子印出来传播。

> 比年以来，又有《打麦竿》《挂枝儿》二曲，其腔调约略相似。则不问南北，不问男女，不问老幼良贱，人人习之，人人亦喜听之，以至刊布成帙，举世传诵，沁人心腑，其谱不知从何而来，真可骇叹！
>
> ——［明］沈德符《万历野获编》

这种风气自然而然影响到了士大夫文人，毕竟文化是从基层群众中来，最终也服务于基层群众。尤其是明朝中后期的文人，与市民的关系尤为密切，对市民的娱乐爱好也非常关注。民歌风靡于市民的日常生活中，自然也把文人给带动了，文人们反而成了民歌传播的重要推动者。

民歌盛行的另外一个原因是青楼业，或者说青楼成了民歌集中传播的场所。光顾青楼的客人多会点一些民歌小曲，为了满足客人的这些需求，青楼也会专门学习民歌小曲。有了这个纽带，南来北往的客人听了民歌小曲之后，也会将之传播到其他的地方。

如果朱元璋知道这一切，恐怕得气得从棺材里坐起身了。在他的治下，朝廷是禁止官员在家狎妓饮宴的，各种小曲也没有办法得到大范围的传播，万万不可能出现上文中《打麦竿》《挂枝儿》这种流行民歌的，更不可能进到士大夫文人的日常生活中。

一直到成化年间，上层的文化政策松动了，或者说没人愿意管这摊子事儿了，来自市民阶层的文化才蓬勃发展起来。

到了正德年间，咱们这位明武宗甚至连早朝也不愿上了，就算朝中大臣以请辞相威胁，正德皇帝依旧我行我素，只按照自己的真实想法办事，即使这违背了历朝祖训、社会习惯也在所不惜，这也为社会风气的进一步开放奠定了基调——皇帝都这么荒唐了，底下的臣子没理由还继续守着开国皇帝的禁令。

在此背景之下，青楼业迎来了一轮迅速发展，大臣和普通市民也把青楼作为主要的娱乐场所，这从侧面扩大了民歌的传播范围。

## 山歌的素材哪里来

任何形式的艺术创作都需要积累大量的艺术素材。现代的作家每隔一段时间就要外出采风，通过对外面世界的观察来获得新的灵感。

明朝文人写山歌的素材也不是空中楼阁。在日常接触普通市民、歌妓和家班艺人的过程中，他们积累了大量的民歌素材，并为自身的民歌创作奠定了基础。

首先，市民阶层给山歌贡献了大量的基础素材。一般来说，士大夫文人的地位是要高于普通市民阶层的，但这两者并不是完全割裂的，士大夫群体中也有相当一部分出身于市民阶层，或者与市民有着密切的联系，在市井传唱民歌的时候，士大夫耳濡目染，也会受到民歌的熏陶。

其次，明朝中后期，在宴席之上，通过歌妓的演奏，士大夫文人也接触到了相当多的民歌素材。

最后是家班艺人。如上一节所说，明朝的士大夫群体和富商地主都有不少的家班艺人，这些家班艺人也积累了不少的民歌素材，并为士大夫文人所用。

## 想不到冯梦龙竟然是这样的人

大部分人对冯梦龙的了解仅限于他编著的《喻世明言》《警世通言》《醒

世恒言》(又称“三言”),实际上,这位明朝的才子在小说、戏曲、文艺理论上都有着不菲的成绩。可惜冯梦龙的诗集今已不存,但他所编辑的《挂枝儿》和《山歌》两部民歌集,却让民歌首次在文学意义上得到了承认,从这个角度来说,冯梦龙可以说是明朝民歌研究的集大成者。

俗话说“性格决定命运”,冯梦龙崇尚真性情、不受外来约束的性格,决定了他跟民歌注定有一段不解之缘。这其实也是明朝中期之后江南地区文人的普遍性格,跟民歌重情重真的艺术风格是相吻合的。

冯梦龙认为,在文化素质相对较低的广大市民群体中,通俗文学可以发挥更加深刻的艺术影响,他所编著的“三言”,主人公从帝王将相到市井无赖、三教九流,几乎无所不包,反映的是普通市民的日常生活和思想感情,因此也被称为“市民社会的风俗画”。

民歌从本质上说,也是市民文化的产物。民歌的主要作者、传播者和主人公都是市民,与“三言”有着异曲同工之处。以冯梦龙为代表的通俗文化作家极大地促进了民歌的繁荣。

除了《挂枝儿》和《山歌》,冯梦龙还编过一本山歌,名为《夹竹桃顶针千家诗山歌》。

单看这书名,很多人可能会觉得怪异,又是夹竹桃,又是顶针,还有千家诗和山歌,这四样完全没关系的东西凑到一起会是什么。

翻开书,你就会发现,前些年网友们的梗,几百年前的冯梦龙早就玩腻了。网友们只局限于两句七言的拼接,比如“月落乌啼霜满天,一枝红杏出墙来”,但是冯梦龙用了顶针的修辞方式,加上《千家诗》中的许多名句,将民歌演绎成一种让人会心一笑的风格。从严格意义上来说,这算是一部拟民歌集。

在《夹竹桃顶针千家诗山歌》中,开头两句是七言,中间四句是四言,最后两句又是七言,其中最后一句又是《千家诗》中的成句。跟现代网友“玩梗”的效果类似,很多本来很好的句子,出现在最后,往往令人难以直视。

这个时候,不仅仅是叶绍翁要掀开棺材板,出来问问网友们为什么要这么对待他的“一枝红杏出墙来”，整个唐宋时期的诗人都要掀开棺材板，指着冯梦龙的鼻子开骂了。

春来夜夜忆私情，手托香腮眼看灯。罗帏寂寞，捱过五更。衾寒枕冷，凄凉怎禁。姐道：我郎呀，你自来欢娱所在嫌夜短，教奴奴秋千院落夜沉沉。

先来一曲比较正常的，这首山歌写的是女子深夜怀思的情形，手托香腮，独坐灯前，直到五更，往昔的时刻总是太短。最后一句“秋千院落夜沉沉”出自苏东坡的《春宵》，而苏东坡原来《春宵》的第一句就是写此，所以用在这里还是比较贴切的。

丝丝绿柳映窗前，系弗住个情哥去后缘，花栏绕遍，春怀可怜，取花消遣，把金瓶水添，梅香不识奴心苦，将谓偷闲学少年。

这首曲的末句出自程颢《春日偶成》：云淡风轻近午天，傍花随柳过前川。时人不识余心乐，将谓偷闲学少年。

程颢的原作中，开头两句写云淡风轻、繁花垂柳，大自然郁勃生机，出门春游的愉悦。后面两句则来了一个升华，本来，在大好春色中陶冶性情是十分自然的事，但是封建时代，这似乎只应该是少年人才能做的事情，程颢作为知名的老学究，已经没有资格做这种事情了，所以他在最后一句说明自己并非学少年偷闲春游，表达了程颢作为知名理学家追求平淡自然、不急不躁的心境。

但是冯梦龙用起来就完全变味了，春日游山的意境一下就变成了闺房女儿怨情郎，不知道程颢知道冯梦龙这么对待自己的作品，会不会气得胡子都翘起来。

倾盆梅雨寸经窗纱，掩转子房门日又斜，画眉人远，相思病加，黄昏将傍，心如乱麻，今夜里冷冷清清、只有梅香来作伴，闲敲棋子落灯花。

这一首的末句出自赵师秀的《约客》：黄梅时节家家雨，青草池塘处处蛙。有约不来过夜半，闲敲棋子落灯花。

原作中，通过对“闲敲棋子”这一细节动作的渲染，写出了作者约客未至的怅惘。在冯梦龙笔下，这又是一次闺房女儿想念情郎的画面。黄昏将至，相思病的症状又加重了几分，今天夜里注定又只能冷冷清清了，无聊之下，只能自己闲敲棋子了。

花开花谢又经春，分别我里情郎只在今，离情无限，送郎几程，劝郎多饮，重唱渭城，（姐道）明知一向相交、只有小阿奴奴人一个，西出阳关无故人。

末句出自王维的《送元二使安西》：渭城朝雨浥轻尘，客舍青青柳色新。劝君更尽一杯酒，西出阳关无故人。

原作中，最后两句可以被称为唐诗的压卷之作，不仅有依依惜别的情谊，而且包含着对远行者的深情体贴和前路珍重的殷勤祝愿。本来好好的两句送别词，在冯梦龙笔下竟然有了一丝幽怨，情郎即将要出远门，明明知道能与情郎交心的只有自己一个人，那么这次远行之后，恐怕是再没有知心人了。

类似的梗还有很多，冯梦龙凭一己之力就把整个《千家诗》改成了山歌情书大全。这种行径放在今天可能会得到大家的相视一笑，但在明朝，冯梦龙对于山歌的热爱还曾遭到卫道者的攻击，甚至闹到了当时担任督学的熊廷弼那里，事态才没有进一步扩大。

## 第三节
## 从禁赌到游民遍地——赌博之害

历朝历代对于赌博都是严令禁止的。一直到现代社会，赌博依然是大家深恶痛绝的恶习。

明朝也对赌博进行了自上而下的打击，在上一章提到，朱元璋对于唱曲儿的人割舌头，下棋打双陆的直接断手，这种惩罚简直是一劳永逸，一次惩罚，终身都没有条件再犯错——连双手都被砍了，当然没办法再赌博了。

除了砍手之外，朱元璋还发明了“饥饿游戏”的玩法。他在南京淮清桥以北建了一座逍遥楼，这个名字本身就有点讥讽的意味，他将不务正业的人，包括但不限于赌博、养鸟和游手好闲的人，全部禁锢在这座逍遥楼中活活饿死。

太祖造逍遥楼，见人博弈者、养禽鸟者、游手游食者，拘于楼上，使之逍遥尽，尽皆饿死。楼在淮清桥东北，临河对洞神宫之后。今关王庙是其地基。

——［明］周晖《金陵琐事》

如果说上面两种惩罚方式算是朱元璋的个人所为，那么明朝的法律也规定了对于赌博的惩罚措施，对于赌博的文武百官，一经发现就会被革职为民。

今律犯赌博者，文官革职为民，武官革职，随舍余食粮差操，亦此意也。

——［明］顾炎武《日知录》

不仅如此，明朝还从源头上打击赌博。对于赌坊，明朝的法律可不会认为赌博是什么概率学的问题，而是直接定义“摊钱物之场也”，对于用自己房屋开赌坊，让别人在自己房子里赌博的人，判定为与赌博之人同罪，打八十杖，房子还要没收。

这一则规定还是挺狠的，开赌坊的收不了多少钱，还会被没收房子，大家自然会对赌博这种事敬而远之。

赌坊即摊钱物之场也。盖赌博游荡之事，而耗乱之阶，盗贼之源也。故有犯者，不分首从，皆杖八十，摊场财物并入官。若有将自己房屋开张赌坊，容人在内赌博者，亦杖八十，其房亦当入官。

——《大明律集解附例》

等到朱棣当了皇帝之后，不仅延续了他爹的政策，而且还发动舆论一起来抵制赌博，他在北京城里找一些有威望的老年人开会，告诫他们说“毋作淫巧”“毋为游荡”“毋习赌博”，否则“身罹殃咎，害其子孙”。

这些老年人当然能明白朱棣什么意思。回到家之后，逢年过节就当着全家人都在的场合，耳提面命、三令五申，把上面的这些话再重复一遍，别赌博啊，别游手好闲啊，否则子孙后代都好不了。没准为了起到震慑作用，还会举一堆朱元璋当政时的例子，比如谁赌博被抓了，剁了双手；谁被抓进了朱元璋建的逍遥楼，尽兴地赌，却不给饭吃，最后活活饿死。

这么三番五次地劝说，最后把喜欢赌博的年轻人魂儿都要吓丢了。

永乐七年，谕北京耆老曰：“朕惟古先帝王之治天下，以安民为务，而安民之道，以教化为先，是以上下相承，风俗淳厚，天下和平。朕受天命嗣大统，即位以来，夙夜拳拳，志图治理。今建北京，思与百姓同享太平。惟能务善去恶，可以永保身家。凡一家有家长，一乡一坊有乡坊之长。为家长者教训子孙，讲读诗书，明达道理，父慈子孝，兄友弟敬，尊卑长幼，各循其序，如此，则一家和顺辑睦，有无穷之福。为乡坊之长者，教训其乡坊之人，农力于稼穑，毋后赋税，工专于技艺，毋作淫巧，商勤于生理，毋为游荡，贫富相睦，邻保相恤，毋为争竞，毋习赌博，毋奸宄窃盗，毋藏匿逋逃，如此，则乡坊之内，相安相乐，有无穷之福。夫作善降祥，作不善降殃，天道至公，不爽毫发，不可不戒。诚能遵朕斯言，身家获吉。不然，宜行妄作，身罹殃咎，害其子孙，不可不戒。或有尝为恶于前，而能改过于后，亦是善人。若不改悔，终为恶类。其省之慎之，不可怠忽。”

——［明］余继登《皇明典故纪闻》

明英宗时期，对于赌博场所的打击已经从专业的赌坊扩大到了业余的赌博场所。军民家和娼妓院也不允许有双陆、骨牌、纸牌、骰子等赌博性质的游戏。

军民家娼妓院毋得有双陆骨牌纸牌骰子。

——《明英宗实录》

明宪宗上位之后，有没有政绩先不说，对于赌博这件事情，已经到了不管不行的严重地步。在成化四年（1468 年）的一次整治行动中，一次性就抓获了赌徒四十余人，这四十多名赌徒脖子上被铸上了枷锁。结果没过多久，这些人中的很多人又去赌博了。在这个过程中，有受不了刑罚而致死的，但依然拦不住他们想去赌博的步伐。

时获市井赌博者四十余人，命枷项示众，仍榜禁之。已而犯者复三十余人，有不胜苦致死者。

——《明宪宗实录》

上面所说的关于赌博的种种情状，还是在明朝历届皇帝大力打击的前提下发生的，可想而知，如果一旦皇帝那边松了口子，赌博会怎样愈演愈烈。

## 始于明神宗

明朝皇帝参与赌博之中，始于明神宗。当时，他在宫中发明了一种“掉城”的赌博游戏，闲来无事的时候和后宫太监们一起玩。

神庙宫中，偶兴“掉城”之戏。于御前十余步外，画界一方城。于城内斜正十字，分作八城，挨写十两至三两。只令司礼监掌印，东厂秉笔。及管事牌子，递以银豆叶八宝投之，落于某城，即照数赏之。若落到城外，或压线者，即收其所掷焉。

——［明］刘若愚《酌中志》

这种叫“掉城”的赌博游戏一直从万历年间盛行到崇祯年间。整个游戏的玩法有点像逢年过节集市上的“套娃娃”游戏，套中了就把对应的方城赏给游戏者，套不中的，就把银豆叶八宝没收了。皇帝平时在宫里可能也没其他好玩的游戏了，只能跟着司礼监掌印和东厂秉笔他们日复一日地玩这种简单的套娃游戏。

一字平分九域遥，笑凭抛掷赌娇饶。嫣然既解倾人国，只恐金城也动摇。

注曰：神庙中叶，御意创掉城之戏。用色罗一方绣井字为九营，中为上营，四方为中营，四角为下营，命官人以银毬抛之，落上营者上赏，中下次焉。落营外或压井字有罚。熹庙时相沿未息。说者谓掉城者辽城也，殆先徵也。上在潜邸已闻此说，后遂禁止不行。

——［清］王誉昌《崇祯宫词》

明神宗自己完全没有意识到自己打开了潘多拉的魔盒，于他而言，可能仅仅是一种再普通不过的休闲游戏，但在下人看来，却是一种值得推广的赌博形式，所以当时后宫的太监群体中普遍盛行各种形式的赌博。

以斗鸡为例，当时的太监为了能在斗鸡中取得胜利，不惜花费重金求购"斗鸡中的战斗机"，在登场的时候，还要在鸡笼上面铺上五彩的帐幔，有那种能一口气啄对手三四百口还一点都不怵头的鸡，基本就是稳赢了。一场斗鸡下来，基本上能赢上百两金子。

既赖鸡求胜，则必费重价购好健斗之鸡，雇善养者，昼则调驯，夜则加食，名曰"贴鸡"，须燃灯观看，以计所啄之数，有三四百口者更妙也。

——［明］刘若愚《酌中志》

皇帝和大内太监的这些"爱好"传到了士大夫群体中，自然也成了文人自诩风流的一种表现，《中国人的生存规矩》中有这样的例子：

仕宦阶级的另一种娱乐是赌博。缙绅士大夫至以赌博为风流，随便举几个例子，如祝允明：长洲祝允明好酒色方博。

皇甫冲：长洲皇甫冲博综群籍，通挟丸击球音乐博弈之戏，吴中轻侠少年咸推服之。

何士璧：福清何士璧跅跑放迹，使酒纵博。

韩上桂：万历间，韩上桂为诗多倚待急就，方与人纵谈大噱，呼号饮博，探题立就，斐然可观。

现在看来，这种自诩风流的方式还挺奇葩的。蹋球或者玩音乐能得到大家认可还不算太离谱，精通赌博技术的人竟然还能受到年轻人的推崇，如果在现代社会，早被抓进去接受教育了。

士大夫对于赌博都如此痴迷，那么普通老百姓一旦沾染了赌博的恶习，更是没有自我拯救的能力了。

以蒲松龄所写的《促织》为例，虽然描写的是宣德年间华阴的事情，但基本上也是京城普通百姓在夏天时候的业余工作了，每家每户都要养蛐蛐，到了郊外，不管大人小孩，都在草丛里竖起耳朵捉蛐蛐，就算是很脏的地方，一听见蛐蛐的叫声，也奋不顾身地追过去。在这种风气之下，市井的男女老少都喜欢玩斗蛐蛐。

宣德间，宫中尚促织之戏，岁征民间。此物故非西产，有华阴令欲媚上官，以一头进，试使斗而才，因责常供。

——［清］蒲松龄《促织》

京师人至七八月，家家皆养促织。余每至郊野，见健夫小儿，群聚草间，侧耳往来，面貌兀兀若有所失者。至于溷厕污垣之中，一闻其声，踊身疾趋如馋猫见鼠，瓦盆泥罐，遍市井皆是，不论老幼男女，皆引斗以为乐。

——［明］袁宏道《瓶花斋杂录》

京城的百姓尚如此，在江南地区，人们的物质生活更加丰富，赌博的花样也就更多了。

一到清明时节，别管有没有“借问酒家何处有”的行人，赌徒们拿着小凳子坐在空地上，两边放着半袖短衣、纱裙汗巾、铜炉锡壶、瓷器、漆盒，以及猪腿、新鲜的鱼、秋梨、福橘之类的食物，呼朋唤友，把钱投掷在地上吸引人来赌博，这就叫作“跌成”，或者是六钱，或者是八钱，或者是十钱，分别叫作“六成”“八成”“十成”，类似的赌摊有百十处，人们纷纷围起圈子来观看。除了“跌成”，也有人在“高阜平冈，斗鸡蹴鞠”。

这里所说的“跌成”就是一种赌博游戏。根据《扬州画舫录》的记载：“跌成，古博戏也，时人谓之拾博。用三钱者为三星，六钱者为六成，八钱者为八乂，均字均幕为成，四字四幕为天分。天分必幕于幕偶，字与字偶，长一尺，不杂不斜，以此为难。”

博徒持小杌坐空地，左右铺袒衫半臂，纱裙汗帨，铜炉锡注，瓷瓯漆奁及肩彘鲜鱼、秋梨福橘之属，呼朋引类，以钱掷地，谓之跌成，或六或八或十，谓之六成八成十成焉，百十其处，人环观之。

——［明］张岱《陶庵梦忆》

经济发达的江南如此，稍微差一点的省份在赌博这件事情上也不甘人后。根据明朝曾嘉诰、汪心纂修的《尉氏县志》记载，在河南开封市下辖的尉氏县，一到赛神等重要的节日，市井上的赌博之风就非常普遍，就赌博种类而言，与远在千里之外的京城站在了同一起跑线上，斗鸡的、斗鹌鹑的、斗促织的、斗纸牌的，只有大家想不到，没有赌徒们不会玩的。

阛阓市井每以赌钱为事，赛神相聚之日尤众。

——《尉氏县志》

从明朝初年严禁赌博，到中晚期赌博盛行，赌博的风气自上而下流行起来，这对于明朝来说，并不是什么好事。

##  屡禁不止，大明亡于赌博吗

根据顾炎武在《日知录》中的记载："万历之来，太平无事，士大夫无所用心，间有相从赌博者，至天启中，始行马吊之戏。"其实这仅仅是表面现象，须知赌博也夹杂着买卖官爵等各种形式的利益输送。士大夫群体尚且如此，普通百姓一旦沾染了赌博，其结果可想而知了。

富贵人家的子弟，小赌可能仅仅是输掉一些金银珠宝；有的赌徒玩大的，就会把田地房屋或者妻妾子女输掉，最终导致家破人亡。当时，杭州宦家子弟因赌博而输掉妻妾的比比皆是。

> 即今风俗薄恶，日甚一日，虽富贵子弟，皆习此风。小者金银珠玉，大者田地房屋，甚至于妻妾子女，皆以出注输去与人。
>
> ——［明］田艺蘅《留青日札》

这些人一旦从有产阶级变成了无业游民，就会成为社会上的不稳定因素。在明朝晚期，这些不稳定因素主要表现为劫匪盗贼，给京师的社会治理带来了一定的难度。

一旦碰上收成不好的年头，那就更惨了。老百姓自己都无法满足吃喝用度的需求，更没有钱财给劫匪盗贼了，那么这些不稳定因素又会使百姓变成饥民流民，严重的时候，流民连绵数百里。

> 荒年饥岁，则自北而南，至于景州，数百里间，连臂相枕，盖无恒产之所致也。
>
> ——［明］谢肇淛《五杂俎》

可以说，赌博的泛滥给明朝的社会稳定带来了非常大的消极影响，这些消极影响在一定程度上导致了明王朝的衰败。

# 第六章　明朝的职场真的让人『大开眼界』

# 第一节 北有晋商，南有徽商——商帮

现代社会提起商人的时候，大家往往联想到的是随着商品经济发展而涌现出来的众多知名企业家。在明清时期，虽然当时的商品经济已经取得了一定程度的发展，商人也成为一股不可小觑的社会力量，但在当时重农抑商的政策下，在“士、农、工、商”的排序中，“万般皆下品，唯有读书高”，士大夫理所应当地排在了第一名，但商人却排在了最后。

在这种社会大环境下，商人们就不得不抱团取暖了。他们利用天然的乡里、宗族关系互相帮助扶持，形成了固定的商业群体，也就是商帮。

历史上的商帮大体上崛起于明朝。明朝期间，曾相继崛起了十大商帮，包括山东商帮、山西商帮、陕西商帮、洞庭商帮、江右商帮、宁波商帮、龙游商帮、福建商帮、广东商帮、徽州商帮，其中，粤商与徽商、晋商又被称为中国历史上的“三大商帮”。

## 近水楼台先得月

晋商最初得益于明朝初年的开中制，当时的残元势力不断在北部边境侵扰，为了防止侵扰，明朝在北部边防设立了九边，虽然这迫使草原骑兵不敢南下，但是在北部边防上的百万军队和三十多万匹军马都要吃饭，这给当时的明朝政府造成了极大压力。

为了减轻北方边防给中央财政带来的压力，洪武三年（1370 年），政府开始实行以粮换盐的开中制，即军粮改为民运，只要谁能把粮铜运到边关，谁就能得到政府发给的“盐引”，商人可以凭盐引到盐产地管理机构去领取盐，然后再进行出售，从而获取一定利润。这一制度是晋商壮大的政策基础。

由于山西地处北方，在地理位置上存在运输的优势，所以晋商迅速抓住政策利好，以极高的工作效率把粮食及其他军需物资运入边关地区，换来盐引并进行出售，从而迅速致富。

从这个层面说，晋商也是吃到了军事对峙的政策红利，在开局没有什么依仗的前提下打出了一手好牌。

但是政策红利不能吃一辈子啊，冲突结束之后，没有了开中制的支持，晋商就没有办法通过盐引迅速赚钱了。

在明弘治五年（1492 年），明朝政府以纳银开中取代纳粮开中，也就是说，商人可以用银子来交易，而不用粮食了。既然可以直接用银子换取盐引，那么晋商原来的地理优势就荡然无存了，全国各地的商人都可以参与到纳银开中制中。

但面对这一新情况，勤劳勇敢的晋商很快做出了一系列调整，迅速响应政府号召，将原来单一的纳粮开中拓展为多元化发展。在商品种类上，由原来的粮食为主，扩充为丝绸、棉布、绒货、颜料、中药材、纸张、油、干果、杂货等产品。在经商地域上，由原来以北方为主，深化为“内循环”发展，将经商的区域扩展到了国内各个省份。晋商足迹甚至还一度到达了莫斯科。

通过种种举措，晋商成功地将商业版图扩张到了整个中国，甚至到明朝晚期，一些山西商人还活跃在关外的贸易市场上。

可以说，在整个明朝的统治期间，晋商都是当之无愧的商界扛把子。

##  黄土高原的自然环境造就了晋商

现在提到山西，大家依然摆脱不了“煤老板”等刻板印象。实际上，山西所处的地理位置一点也不好，它所处的黄土高原山多地少、干旱少雨，加上水土流失严重，在明朝是个自然灾害频繁发生的省份。

单说崇祯在位时期，山西就先后经历了暴雨、旱灾、蝗灾、水灾等各种自然灾害，惨得不能再惨了。

（崇祯）二年，山西、陕西饥。

四年五月，襄垣雨雹，大如伏牛盈丈，小如拳，毙人畜甚众。六月丙申，大雨雹。

六年，陕西、山西大饥。淮、扬洊饥，有夫妻雉经于树及投河者。盐城教官王明佐至自缢于官署。

八年冬，山西地震。

十二年，两畿、山东、山西、陕西、江西饥。河南大饥，人相食，卢氏、嵩、伊阳三县尤甚。

十三年，北畿、山东、河南、陕西、山西、浙江、三吴皆饥。自淮而北至畿南，树皮食尽，发瘗胔以食。

十三年，华阴渭水赤。十四年，山西潞水北流七昼夜，势如潮涌。

十三年五月，两京、山东、河南、山西、陕西大旱蝗。

在这种恶劣的地理环境中，山西人不得不靠“走西口”的商业贸易活动改善自己的生活条件。“走西口”并不是什么美差，主要靠的就是不怕苦不怕累的精神，这几乎是打在山西人骨子里的烙印，在一定程度上，可以说山西的自然环境造就了山西人勤俭质朴、思变持恒的经商风格。

根据《明清史志》记载，太原府“上穷理学，工商务实，勤俭”，平阳

府“俭音耳，甘辛，薄滋味，勤丁耕织，服劳商贾……蒲解邻秦，其人乃有秦风。隰吉居山，其人多质朴信实，霍人与平阳颇类”，汾州府“其民重厚，知义、尚信、好文”，潞安府“民多勤俭而力农，上尚气节而务学”，泽州“淳而好义，俭而用礼”，辽州“其民信实淳厚”。

这些记载不约而同地证明了晋商在从事商业活动中不怕吃苦、敢于拼搏的优良品质。正因如此，在开局不利的情况下，晋商才能把逆风局打成延续整个明朝的顺风局，地盘多、资金多、商品多，成为不可忽视的地方商帮力量。

## 出门十年不能归，个中辛酸徽商知

与晋商齐名的徽商，其实所处的地理位置也不好。不把当地人逼到活不下去的份上，恐怕是没有人愿意出去做生意的。徽商的发源地为古徽州（如今分属皖赣两省的歙县、休宁县、婺源县、祁门县、黟县、绩溪县），地处“吴头楚尾”，属边缘地带，山高林密，地形多变，很难靠粮食种植业生存。

明末的金声在描述徽州所处的地理位置时称：“郡邑（徽州）处万山，如鼠在穴，土瘠田狭，能以生业著于地者，什不获一。苟而家食，则可立而视其死，其势不得不散而求衣食于四方，于是乎移民而出，非生而善贾也。”

意思是说徽州处于万山环绕之中，如同洞穴里的一只老鼠一样，土地贫瘠无法耕种，能靠土地养活自已的家庭还不到十分之一，如果在家里待着肯定是死路一条，不得不去外地做生意，他们并非天生就懂做生意，而是将经商作为首要的谋生手段，把外出经商看成是活下去的首选。

可以使用的耕地面积少也罢了，在晋末、唐末、宋末，还从北方向皖南迁移了大量人口，这就造成了徽州地少人多的窘状。

为了生存，徽商最早是靠经营山货和外地粮食来谋生的，如把当地丰富的林业资源用于建筑、做墨、油漆、桐油、造纸，或者去外省经营盐、棉（布）、粮食等生意，总算是蹚出来了一条发家致富的道路。

虽然徽商大多“以末致富”，但其中的艰辛是常人难以想象的，常常要忍受离别之苦。

《初刻拍案惊奇》中曾经记载了这样一个故事，徽州屯溪的潘甲刚娶了姚滴珠，新婚刚两个月，就被自己的老父亲撵出去做生意，而且是今天说完，明天就逼着出门了。

却早成亲两月，潘父就发作儿子道：“如此你贪我爱，夫妻相对，白白过世不成。如何不想去做生意？”潘甲无奈与妻滴珠说了，两个哭一个不住，说了一夜话，次日潘父就逼儿子出外去了。

——［明］凌濛初《初刻拍案惊奇》

不同于现代社会中的成功商人外出商旅享受头等舱的待遇，古时候的徽人经商，常常是好几年才能回家一趟，有的比较夸张，甚而“出至十年、二十年、三十年不归，归则孙娶妇，而子或不识其父”。孙子都娶媳妇了，当爷爷的才有机会回家，其中的辛酸滋味，只有徽商才能真正体会到。

## 日常节衣缩食，置办行头一掷千金

在日常生活的“抠门”上，徽商的节俭程度一点都不亚于晋商。就算有钱的徽商，吃的也不过是多放了一些米的稀饭，至于主内的妇人，可以好几个月都不沾荤腥，把主要的精力都放在了针线活儿上。

然其家居也，为俭啬而务畜积。贫者日再食，富者三食，食唯稠粥。客至不为黍，家不乘马，不畜鹅鹜……女人犹称能俭，居乡者数月不占鱼肉，日挫针治缝纫绽，黟祁之俗织木棉，同巷夜从相纺织，女工一月得四十五日。徽俗能蓄积，不至卮漏者，盖亦由内德矣。

——《徽州府志》

这一点在当时的很多小说中都得到了验证。艾衲居士的《豆棚闲话》中称徽州的人日常穿着也非常朴素，只是布衣布鞋，运输商品也全靠肩膀扛，恨不得一文钱摔成两半花。

徽州风俗，原是朴茂，往往来来，只是布衣草履，徒步肩挑。真个是一文不舍，一文不用。

——［清］艾衲居士《豆棚闲话》

但与此同时，在某些方面，徽商又显得格外奢侈，比如争讼等的支出，远远超过了一般商人的水平，这跟他们勤俭持家的风格形成了巨大差异。

然新安人衣食亦甚菲啬，薄靡盐虀，欣然一饱矣。惟娶妾、宿妓、争讼，则挥金如土。

——［明］谢肇淛《五杂俎》

有的大盐商进出高端娱乐场所时，身边坐的都是美女，夜以继日地寻欢作乐。这里其实已经隐晦地点出了徽商如此大手大脚的原因，那就是“四座尽欢”。如果仅仅是商业朋友之间谈生意，完全用不着花费这么奢侈，之所以花钱找头牌歌女来撑场面，完全是为了攀附权贵，借以抬高自己做生意的身价。

新安多大贾，其居盐筴最豪。入则击钟，出则连骑，暇则招客高会，侍越女，拥吴姬，四座尽欢，夜以继日，世所谓芳华盛丽非不足也。至其子弟，靡不斗鸡走狗，五雉六枭，捐佩外家。

——［明］汪道昆《太函集》

有一些夸张的徽商会在衣装服饰和外出行头上花费大量的金钱，让别人看到自己有做生意的实力，这样才能在一些贷款抵押活动中取得有利的条件。

这并不能说明徽商是贪图享受的从业人员，相反，他们是摸透了明朝时商业社会的运转规则，才不得已出此下策，毕竟在官方定义中，商人的地位还是很低的，就算再有钱，社会地位依然不如其他社会阶层，所以为了求取功名，或者在商业竞争中处于有利地位，徽商才不得不在各种场合展示自己的财力。

不管艰苦朴素，还是奢侈摆阔，以晋商和徽商为代表的商帮自诞生之日起，就带有强烈的朝代烙印。其兴盛是因为皇权政治和官僚集团给它们的生财之路开了绿灯，而等一个朝代盛极而衰时，给这些商帮所创造的优惠条件也会随之消失，这也是清朝末年商帮迅速走向衰败的原因之一。

## 第二节
## 江湖身影——方技之士

在中国历史上，术士是一个非常特殊的社会群体，一方面大家觉得是迷信，不足信也；另一方面，遇事不决时，又希望借助术士的力量为自己出谋划策。

在封建社会尤其如此，主流文化一方面将术士排斥于外，另一方面，术士又与社会各个阶层有着千丝万缕的关系。

术士身上所体现的是种非主流文化，或者说是一种草根文化、游民文化，这种文化植根于边缘社会，历来为社会上层主流文化所排斥，但是，古往今来，这种非主流文化始终又与社会主流文化存在着千丝万缕的联系。正是凭借着这些联系，历史上所谓的“术士”的活动范围不仅仅局限于民间社会，而是涉足社会的各阶层，从天子礼乐征伐，到平常百姓婚丧嫁娶，无处不有他们的身影。

在朱元璋平定天下的过程中，为后世所记载的术士就不止一两个。

以刘基为例，这个名字如果你不太熟悉的话，那么刘伯温这个名字，你应该很熟悉了，在各种民间故事传说中，刘伯温都是作为一个很厉害的角色出现的。根据《明史》记载，刘基涉猎的知识范围特别广，最擅长的就是象数谶纬，也就是说他是非常擅长术士的那些把戏。

基博通经史，于书无不窥，尤精象纬之学。西蜀赵天泽论江左人物，首称基，以为诸葛孔明俦也。

——《明史》

在朱元璋刚遇到刘基时，他问刘基要怎样夺天下，刘基说：张士诚不足以忧虑，主要是陈友谅，对您很有威胁，应该要先除掉他，接下来张士诚就势单力薄，一下就可以消灭。然后北上，这天下就是您的了！

朱元璋参考了刘基的建议，先解决了陈友谅，再消灭了张士诚，最后成就了一番霸业。

太祖问征取计，基曰："士诚自守虏，不足虑。友谅，劫主胁下，名号不正，地据上流，其心无日忘我，宜先图之。陈氏灭，张氏势孤，一举可定。然后北向中原，王业可成也。"

——《明史》

在与陈友谅对阵的时候，也不是一帆风顺。有一次陈友谅攻陷太平，打算趁势东下，朱元璋的手下有的建议投降，有的建议逃跑，只有刘基不说话。

后来，朱元璋单独召见刘基，问他意见，刘基说：主张投降和逃跑的都可以杀了。

朱元璋看着自家的军队都要被瓮中捉鳖了，问刘基说：你有什么对策。他说：陈友谅开始骄傲了，骄兵必败，我们趁机埋伏，诱敌深入，一下子就可以搞定。朱元璋用他的计策，果然夺得了胜利。

会陈友谅陷太平，谋东下，势张甚，诸将或议降，或议奔据钟山，基张目不言。太祖召入内，基奋曰："主降及奔者，可斩也。"太祖曰："先生计安出？"基曰："贼骄矣，待其深入，伏兵邀取之，易耳。天道后举者胜，取威制敌以成王业，在此举矣。"太祖用其策，诱友谅至，大破之，以克敌赏赏基。

——《明史》

还有一位叫周颠，看过《倚天屠龙记》的人必然对这个形象不陌生。在小说中，他与彭和尚彭莹玉、铁冠道人张中、冷面先生冷谦、布袋和尚说不得这些人并称“明教五散人”。

根据《明史》记载，这位“周仙人”水火不侵，可以预知未来，当时太祖与陈友谅作战的时候，经常问周颠战争的最后结局，周颠猜中的概率不小。

至于为什么朱元璋出征前要问周颠的意见，大概是朱元璋自己寻求心理安慰，他出征之前，也不敢肯定能不能胜利，所以需要一个人来给他一点信心。

有了这些接触，朱元璋从心里对方术卜筮是很追捧的。在他刚当上皇帝时，还下旨禁止方术，但是后来在洪武二十六年，又下旨不允许大家因为术士的身份就诬告，从这个角度来看，朱元璋对术士还是采取保护的态度。

凡瞽目及阴阳人任听其卜筮，诸人不许妄词讦告。

——《明史》

而且对一些精通方术的人，尤其是知晓未来之事的术士，朱元璋也积极拉拢，如果真的能凑巧蒙对几件未来的事情，朱元璋还会给他封侯，享受一千五百石的俸禄。

洪武中，朝廷访求通晓历数，数知往来，试无不验者，必封侯，食禄千五百石。

——［明］陆容《菽园杂记》

##  见人说人话，见鬼说鬼话：卜士

卜士就是街头算卦的人士，以占卜为生，本身带有很浓厚的迷信色彩，但在封建社会，在遇到一些无法解决的问题，或者寻求内心的心理安慰之时，

普通老百姓就会选择以卜士为纽带，向鬼神询问意见。

上面说到朱元璋出征打仗时问刘伯温怎么打，这个习惯也延续到了他的儿子朱棣这里。

永乐八年（1410 年）二月，朱棣组织大军从北平启程出塞，准备动手平定鞑靼部。三军一直走到静虏镇，都没有找到敌军的主力，而每天的粮草后勤供给都让朱棣头大，这个时候，就该卜士登台了。当时军中有两名随军术士，一名是袁忠彻，是当时著名术士袁珙的儿子，另外一名是皇甫仲和。

前者袁忠彻的故事，下面还会出现，作为曾经参与过靖难举事的卜士，他是朱棣的重要班底之一了。

后者皇甫仲和在当时的名声还不显赫，相传他能够利用天文来预知世事。他随军打仗的原因也很简单，无非是为了求取功名。

朱棣让皇甫仲和与袁忠彻占卜敌军的主力在哪个方向，皇甫仲和的回复是：今天未时和申时之间，敌人会从东南方向来。王师最开始的时候会稍微退却一下，但最后一定是必胜的。

朱棣听信了他的话，一直等到日上中天仍然没有敌人的踪影。朱棣等得有点不耐烦，便叫来皇甫仲和与袁忠彻，质问两人是否计算有误。两人回答仍和原来的一样。

急性子的朱棣发火了，命令给这二人戴上刑具，如果到时没有应验，立即将两人处死。

正在朱棣暴跳如雷的时候，哨兵从外奔跑进来报告："敌军已经来到！"

朱棣转怒为喜，连忙下令将皇甫仲和与袁忠彻释放。

皇甫仲和，睢州人。精天文推步学。永乐中，成祖北征，仲和与袁忠彻扈从。师至漠北，不见寇，将引还，命仲和占之，言："今日未申间，寇当从东南来。王师始却，终必胜。"忠彻对如之。比日中不至，复问，二人对如初。帝命械二人，不验，将诛死。顷之，中官奔告曰：“寇大至矣。”

——《明史》

像袁忠彻和皇甫仲和这种大神级的卜士，在面对皇帝这样的客户时，要交的答案就不仅是为了讨好皇帝，为自己谋取利益了，而是要综合考虑出征打仗时的各种天时地利因素，预判敌军出现的时间和地点，虽然有一定的运气成分，但离不开对现实的分析。

一般的卜士则跟现代社会的算卦先生一样，说一些模棱两可的话，全靠客户如何理解，客户可以理解成A，也可以理解成B，然后卜士再按照最后实际发生的情况进行解释。

说白了就两个字——蒙人。

## “神乎其技”的相面之术：相士

除了卜士之外，经常跟皇帝打交道的还有相士，他们主要做的事情是相面、摸骨揣声、拆字算命等，这些事情在现代社会中也偶有出现。

以其中最有代表性的相面为例，主要是通过察看一个人脸部的某些特征，来判断对方的命运吉凶及身体状况。

以上文中出现的袁忠彻为例，他跟他的父亲袁珙都是相面的高手，他的父亲一个人就算出来了三位天子。

早在朱棣还是燕王时，袁珙就断定他之后可以成为天子，当时的朱棣还怕袁珙乱说话，提前把他打发走了。等到朱棣真正当了皇帝之后，不仅让袁珙当了太常寺丞，还“赐冠服、鞍马、文绮、宝钞及居第”，这算是莫大的殊荣了。

到了朱棣打算立太子时，他有点犹豫不决，袁珙先看了明仁宗，说明仁宗会是以后的天子，又看了明宣宗，又断定宣宗也能当上天子，于是朱棣才下定决心立太子。

这就有点厉害了，作为术士，可以断定三位天子的皇位，在历朝历代也算是绝无仅有了。

王乃起去，召珙宫中，谛视曰："龙行虎步，日角插天，太平天子也。年四十，须过脐，即登大宝矣。"已见藩邸诸校卒，皆许以公侯将帅。王虑语泄，遣之还。及即位，召拜太常寺丞，赐冠服、鞍马、文绮、宝钞及居第。帝将建东宫，而意有所属，故久不决。珙相仁宗曰："天子也。"相宣宗曰："万岁天子。"储位乃定。

——《明史》

等到他的儿子袁忠彻活跃在术士界的时候，相面的对象已经变成了各位大臣。他先后替景泰年间夺门之变的两位主人公相过面，王文因为面无血色，给出的评价是"沥血头"，于谦因为是三白眼，给出的评价是"望刀眼"，后来这两位果然在夺门之变之后双双被杀。

忠彻相术不殊其父，世所传轶事甚多，不具载。其相王文，谓"面无人色，法曰沥血头"。相于谦，谓"目常上视，法曰望刀眼"。后果如其言。

——《明史》

这样的相面之术还是有点神奇的，尤其是在夺门之变完全还是未来之事的时候，就能预测到王文和于谦的下场，大概只能归结为故弄玄虚了。

术士作为中国封建社会中诞生的一个特殊群体，庙堂之外，他们游走于城乡，为普通老百姓提供心理上的慰藉，也包括一些自然科学的成分；庙堂之上，他们中的一部分人与皇宫内院交往密切，甚至一度成为皇帝身边的红人，对于政事有过一些负面的作用。整体来说，在一定程度上影响了某些区域的社会风气和生活习惯，这一群体在明朝日常生活中成了比较特殊的存在。

# 第三节 这竟然成了特殊职业——乞丐

关于普通老百姓在社会上的地位，自古就有所谓“下九流”之说。元朝时候，蒙古旧法分人为十等：一官、二吏、三僧、四道、五医、六工、七猎、八民、九儒、十丐。

乞丐也不是黑户，而是有自己的户籍，称“丐籍”。虽然明代法律并没有明确规定乞丐的身份地位，但从历朝历代的记载来看，乞丐的地位都不是太高。

## 这么多的乞丐从何而来

乞丐的来源，大多是因失去土地而致贫的农民，或是因灾荒而逃难的农民，还有浪荡子弟自甘堕落而为乞丐，这几种构成了乞丐的大部分来源。乞丐的特征也很明显，就是不从事社会生产活动，专以乞讨为生。

说起来也很奇怪，明朝的开国皇帝朱元璋就是乞丐出身，虽然他在位期间，为减少乞丐的数量作了一些贡献，但是整个大明王朝的几百年里，乞丐的数量一直居高不下。

在前面的章节，我们曾经提到明代北京的乞丐不下万人，这个数量确实有点让人诧异。

这也并不能赖明朝的开国皇帝是乞丐，主要是明朝中后期的天灾人祸不断，造成许多城乡居民变成了流民。流民还不完全等同于乞丐，他们只是离开原居住地或者放弃原谋生手段后，处于流浪状态的一个群体。如果不加以管控，这些流民的下一步就是乞丐。

在明朝初期，也有一些放弃自己土地的流民，这些流民最后成了山贼。山贼的危害远远比乞丐要大。为了杜绝山贼的现象，明初政府采取了“山禁”的政策。试想之，一帮不打算种地的流民躲进深山老林里，跟正规军打游击战，真够明朝政府难受的。

把山给禁了之后，那么，这些没有土地又没有谋生能力的人群只剩下了一个去处——城市。在向城市迁徙的过程中，“乞讨”就成了这些人唯一的谋生方式，这部分流民也都先后成了乞丐。

明朝的陈铎有一首《乞儿》散曲描述乞丐的生存状况：“赤身露体，木瓢倒挂，草荐斜披。东家跪了西家跪，受尽禁持。宴席上残汤剩水，斋堂中素菜咸食。官府上无差役，自寻来自吃，冻饿死也便宜。”确实是惨不忍睹。

## 为了乞丐，各朝各代操碎了心

为了解决乞丐的生存问题，历朝历代都曾出了很多惠民的政策来安置乞丐。

唐玄宗开元二十三年（735 年），唐朝在京都长安和陪都洛阳建立了悲田院，专门收容没有家且没有办法养活自己的乞丐，照顾他们的日常生活；宋代也照猫画虎，由朝廷设立悲田院，安置社会上无依无靠的乞丐；到了元朝至元八年（1271 年），忽必烈令各路设济众院收留贫苦之人，提供粮食和柴火；到了明代，朝廷同样设立了养济院，安置这些衣食无着的乞丐。

虽然安置乞丐的政策名称不同，总的方针政策还是以救济为主。

明朝的官员们也想了各种各样的办法，比如在他们在城门口设立公益性质的粥厂，每日选地方上有德行的老人按时煮粥救济流民，这在一定程度上可以降低流民转化成乞丐的速度。

除了解决流民的吃饭问题，明代官员还尝试解决他们的住宿问题，比如由城中的乡绅先捐一批“丐房”出来，如果执行得不错，就由政府出面，按照这个思路来解决流民的住宿问题。

到明朝末期，所盖的这些丐房已经成为流民和乞丐混住的地方。还以北京为例，当时一般将乞丐称作“花子”或“叫花子”。冬天，在城内五坊有铺舍专门供这些乞丐晚上歇宿，但每晚必须向守门者交纳一钱，方许进入。无钱进入者，要么只能藏在粪土之中，要么只能吞砒霜来御寒，砒霜有剧毒，陈寅恪先生在《柳如是别传》中也曾提及砒霜御寒的事：“……中国旧日之乞丐，欧洲维也纳之妇女，略服砒剂，既可御寒，复可令面颊红润。”但至春月“毒发必死”，每年都要冻死或毒死数千人。

京师谓乞儿为花子，不知何取义。严寒之夜，五坊有铺居之，内积草秸及禽兽茸毛，然每夜须纳一钱于守者，不则冻死矣。其饥寒之极者，至窖干粪土而处其中，或吞砒一铢。然至春月，粪砒毒发必死。计一年冻死毒死不下数千，而丐之多如故也。

——［明］谢肇淛《五杂俎》

为了解决乞丐的温饱生存问题，明朝也是下了不少心思，但解决问题的速度总是赶不上出现问题的速度。盖一间丐房不过能解决三五个人的住宿问题，来一场天灾，就会出现三五万人的问题，无论如何都没办法彻底解决。

##  别弄混了乞丐和混混

严格意义上来说，乞丐和打行成员还是有区别的，前者是丧失了生产资

料，靠乞讨为生，后者有一膀子力气，是靠敲诈勒索为生。

在明朝的北京城里，也有一部分比较强势的乞丐，虽然有自食其力的能力，但是不从事正当营生，专靠沿街强行索取食物财物为生。这些叫花子有时候还会跟盗贼劫匪一起参与抢劫活动，但往往是临时组合，就算被抓了，也问不出来主犯是谁。这部分打扰人们正常生活的乞丐还是比较让人厌恶的。

从明朝流传至今的通俗小说中可以看到，老百姓对于乞丐的看法不是非黑即白的，乞丐身上体现了中下层人民不同的情感色彩，他们之中会有对恶劣行为的恐慌，也会有对贫困生活的怜悯，也会有对装神弄鬼时的盲目崇拜，这些都是平民文化中的一部分。

# 第七章 一份风俗清单

## 第一节
## 女孩子过了 20 岁就算晚婚——婚娶

随着现代社会生活节奏的加快，年轻人开始普遍晚婚晚育，这已成为很多父母辈的心病。对于单身而言，逢年过节必定会经历的一个环节就是被催婚。

如果跟明朝比起来，现在的年轻人已经够幸福了。按照明朝的婚姻习俗，男子和女子的适婚年龄分别是为 16 岁和 14 岁。比这个年龄早，称之为“先时”；如果男子过了 25 岁，女子过了 20 岁还没结婚，会称之为“过时”，也就是晚婚了。

听到这种习俗是不是目瞪口呆？毕竟 20 岁的时候，大家对自己的定义还是个孩子。

而在明朝的时候，在很多地方非但没有晚婚，反而有着早婚的习俗，也就是夫妻双方中，有一方的年龄偏小。

在明朝四川地区，曾经流行男子十二三岁的时候就娶妻。在现代社会中，这么大的男子还没有完成完整的义务教育，但在明朝时就要作为一家之主，肩负起柴米油盐的重担了，想一想还真的是心酸。

所以在万历十年（1582 年）的时候，四川官府也受不了这种陋习了，每隔五里地就要立一块碑来禁止这种早婚的风俗，有违反的人以重罪论处。

蜀中俗尚缔幼婚，娶长妇，男子十二三即娶。故万历十年间，政府每五里地立一穹碑严禁之，犯禁者重罪之。

——［明］王士性《广志绎》

除了婚娶年龄之外，明朝其他与婚娶相关的风俗习惯也与现代社会有着很大的差异，下面简单来介绍一下。

## 纳妾很荒唐

首先是纳妾这一习俗。现代社会已经不允许存在纳妾这种行为了，但是在明代的时候，有点家底儿的人家就会纳妾。

但实际上，荒唐纳妾就是一种丑恶的变相人口买卖行为。当时的南京城里，有专门从事此种买卖的人贩子，从小就教给她们精细的化妆技巧和形体训练，另外请来名师传授琴棋书画等才艺，称为“养瘦马”。

金陵匪徒，有在四方贩买幼女，选其俊秀者，调理其肌肤，修饰其衣服，延师教之，凡书画琴棋、箫管笛弦之类，无一不能。及瓜，则重价售与宦商富室为妾，或竟入妓院，名之曰“养瘦马”。遇有贫家好女子，则百计诱之。

——［清］吴炽昌《客窗闲话》

并不是所有的“瘦马”最后都能成功地嫁入富豪之家，在市场上被挑剩下的最后就不得不被送入烟花柳巷。即便是被官宦富商纳为小妾的，也并不见得就能过上幸福美满的生活。

但是那些人口贩子，却是通过这种行为赚得盆满钵满，实是让人憎恨。

## 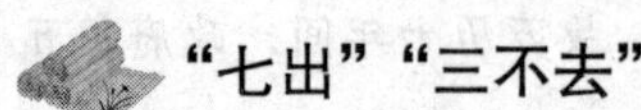“七出”“三不去”

现代社会中关于“离婚”的规定已经有完善的法律法规可以遵循，但在明朝的时候，女性在离婚中几乎是没有什么话语权的。当然了，离婚规则也对男性有一些约束条款，但是明显不是那么苛刻。

古代的离婚制度中，只要满足“七出”中的一条就可以达成离婚条件，“七出”主要包括：不顺父母，无子，淫，妒，有恶疾，口多言，窃盗。

首先是“不顺父母”。虽然说孝顺父母是中华民族的传统美德，但是用这一条作为离婚的条件，主要是因为在中国古代的婚姻中，女性作为家庭成员的首要任务是与家人和谐相处。

而且这个“和谐相处”的标准是由男方的家人来确定的。也就是说，如果男方的父母认为儿媳不够顺从，那么就会触发“离婚”事件发生，就算丈夫再不情愿，这婚必须要离，完全不在乎小两口的感受，只要是学过《孔雀东南飞》的同学们，大概都可以理解这个事情。

第二是“无子”。这一点也带着封建社会的特有色彩。没有子嗣对于现代人来说，可能已经算不上什么大事儿，一些人还会选择“丁克”的生活方式，但对于古代人来说，没有子嗣一定是女性一方的问题，也会成为离婚的条件之一。

至于多大年龄没有子嗣才会触发离婚事件，按照唐朝法律的规定，只有在妻子年过五十还没有生子，才能离婚。

这对女性来说，很残忍，到五十岁的时候，还会面临因没有生育而被离婚的风险。这条规定中，女性依然没什么话语权。

至于“淫”“妒”“多言”这三条，也是针对女性在婚姻生活中的行为。以“多言”为例，主要是要求女子在家庭事务的处理中，要尽量不要招惹是非，以免言语上引起家庭内部的冲突，如果女性多言，也会触发离婚事件。

除此之外，“有恶疾”也是离婚条件之一。古代人们对于恶疾有着天生的恐惧，这也是当时的科学水平和医学水平所决定的。恶疾主要是指不治之症和传染类疾病。一旦女性患恶疾，对于整个家庭来说，其家庭地位会大打折扣，也会面临离婚的风险。

“盗窃”这一条所针对的对象也非常明显，并不是说夫妻双方在外面犯了盗窃之罪，就会构成离婚的必要条件，而是女性擅自使用家中的财产就算盗窃。这是因为在古代的家庭中，女性是没有私有财产权的，如果擅自使用家里的财产就是盗窃，这一条规定还是有些可笑。

至于对于女性的保护政策，可就太少了，称之为“三不去”。只要妻子符合“三不去”中任意一条，并且没有“淫”或“有恶疾”，才不能被离婚。

“三不去”主要包括：曾经为丈夫的父母服丧三年的妻子不能休；丈夫贫贱时娶的妻子在富贵后不能休；娶进门时还有家人，但现在已经没有娘家可回的妻子不能休。

从“七出”和“三不去”的规定中可以看出，所有跟离婚相关的规章制度都是为了维护整个封建大家庭的稳定，至于夫妻双方的感情，基本是不会考虑在内的。就算夫妻双方感情再好，也会面临来自父母或者整个家族的压力而离婚，而感情差的夫妻，也可能因为“三不去”的规定，而无法结束一段婚姻。

## 改嫁的事情也身不由己

封建社会的改嫁也对女性很不公平，在比较讲究的大户人家，男方去世之后，女性是否能改嫁，不是由自己决定的，而是由男方家中的长辈决定的，女性对离婚和改嫁的话语权都很小。

跟现代社会不同的还有女性改嫁之后，孩子长大之后的婚姻决定权问题。现代社会家庭重组后，生母和继父都可以对孩子的婚姻大事提出自己的意见，

但在古时候，家庭重组后，孩子的婚姻主要是由生母决定，继父是没有权利进行干预的。

从上面关于婚娶制度的描述来看，封建社会的婚姻制度对于男女婚姻的摧残是非常严重的，尤其是对于女性来说，许多约定俗成的规矩十分不合理。所以在明朝文人的笔下才出现了大量的才子佳人小说。这样的小说虽然在普通市民群体中流传甚广，但却很难变为现实，根本原因是封建社会不具备男女平等和婚姻自由的基础。

## 第二节
## 阳春三月踢球忙——女子蹴鞠

中国女足在亚洲的战绩一直是相当优异的，1986年首次参加亚洲杯就获得冠军，之后一度创造了1986年到1999年女足亚洲杯七连冠的奇迹。

实际上，中国女足这么棒是有渊源的，早在明朝的时候，女子足球就已经是一项女性喜闻乐见的运动了。

### 贵妃是踢球高手，杂技演员花式颠球

明朝时期，从皇宫大内到民间，都有大量的女运动员活跃在足球场上。崇祯帝喜欢的贵妃田秀英就是个中好手，作为一名女子，田贵妃不但精于骑射，在后宫中踢足球也是数一数二。

> 上尝试马于射场，知田贵妃之善骑也，命之骑。妃形既妙，回策如萦，名骑无以过之……宫眷喜蹴鞠之戏，田贵妃风度安雅，众莫能及。
>
> ——［清］王誉昌《崇祯宫词》

这些“足球运动员”还组成了对应的足球俱乐部，称之为“圆社”。明朝李昌祺曾在《美人蹴圆图》描述圆社成员训练时候的场景：“圆社从来非等闲，作家取巧凭双弯，眼亲步活转移速，解数般般谁道难。雕阑十二相缭绕，日下芙蓉犹未了，发乱青丝宝髻偏，尘生罗袜金莲小。”

在全民踢球的背景下，还出现了专业的足球艺人，不仅是玩输赢，而且需要具备观赏性。陈继儒在《太平清话》记载了一名叫彭云秀的杂技演员，一个人就可以表演 16 种踢球绝技。这里所说的“滚弄”是指表演的时候，全身触球，可以保证球不落地。

以女流清芬，挟是技游江海，叩之，谓有解一十有六，詹同文赠之以滚弄行。

——［明］陈继儒《太平清话》

女子蹴鞠的主要技法有拐、膁、蹬、蹑、搭等，其中以“拐”命名的踢法就有十字拐、合扇拐、鸳鸯拐、屏风拐、画眉拐等十几种技法。这么高水准的花式颠球，就算放在现代社会中，也是可以拿出来秀一把的。

女子蹴鞠的蓬勃发展也让很多明朝文人有了可发挥的余地，不管写戏曲的还是写小说的，都将“女足运动员”当成了作品中的主角。比如李渔在《美人千态诗》（另一说，明·钱福《蹴鞠》）中曾经描写了两位女子穿着裙子踢球的情景。

蹴鞠当场二月天，香风吹下两婵娟，汗沾粉面花含露，尘扑娥眉柳带烟，翠袖低垂笼玉笋，红裙斜曳露金莲，几回蹴罢娇无力，恨杀长安美少年。

——《美人千态诗》

从当时文人墨客在各种文学体裁中对蹴鞠的描写，可以看出，阳春三月里，蹴鞠绝对是男女老少都喜欢的一项体育运动。

## 女子蹴鞠有哪些玩法

明朝的蹴鞠又有很多种玩法，人数也从 1 人到 10 人不等。根据汪云程《蹴鞠图谱》的记载，1 人杂踢名“厮弄”（或滚弄），2 人对踢名“白打”，3 人轮踢名“小官场”，4 人同踢名“下火”，5 人同踢名“小出尖”，6 人同踢名“大出尖”，7 人同踢名“落花流水”，8 人同踢名“凉伞儿”，9 人同踢名“踢花心”，10 人同踢名“全场”。

其中又以 2~3 人的轮踢最为常见。在踢球时，先由上位传到中位，再由中位踢给下位，这样来回往复。

在 3 个人互相来回踢球的过程中，可以用背、膝、脚等身体的多个部位进行踢球和传球。这些踢球和传球的动作也各有讲究，比如拍、拽、捺、控等，动作不同，所用到的技法也都不同。

虽然明朝时期的女子蹴鞠有着一定的发展，但是经过元朝期间的衰退，蹴鞠已经很难恢复盛况，加上当时认为女子在公开场合蹴鞠不是一件文雅之事，女子蹴鞠运动的发展就更加受到限制了。比如上文中李渔《美人千态诗》中对女子踢球的描写，虽然可以参与蹴鞠游戏，但是需要拽起来裙子，下盘不稳，几回踢罢就没有力气了。这些因素都让女子蹴鞠在明清逐渐走向了没落。

## 第三节 怎样才能磨出一面光滑的铜镜——磨镜

传统相声《卖布头》里有一句“磨剪子戗菜刀”的吆喝声，磨刀的匠人用手中的两把菜刀相互摩擦发出声音，走街串巷招揽生意。

其实磨刀这一行最早是磨镜子的，铜镜生锈了就得磨，当时的磨镜师傅顺便兼任了磨剪子戗菜刀的生意，沿街敲打，妇女们听到磨镜的吆喝声，就可以把生锈的镜子拿出来让师傅处理，称之为“惊闺”。

冉贵却装了一个杂货担儿，手执着一个玲珑瑲琅的东西，叫作个“惊闺”。

——［明］冯梦龙《醒世恒言》

《清稗类钞》中对惊闺有着比较详细的解释，在他的笔下，惊闺不仅仅是磨镜师傅的专属品，而是贩卖胭脂水粉和针线等小物件的商贩都用的东西，形状类似拨浪鼓，手中摇晃的时候，钲鼓齐鸣，可以提醒到闺阁中的妇女。

惊闺，贩卖针线脂粉之人所执之器也。形如鼗而附以小钲，持柄摇之，则钲鼓齐响鸣，以代换卖。曰惊闺者，欲其声之达于闺阁也。

——《清稗类钞》

不管是专职还是兼职，在古代，磨镜是一门可以养家糊口的技术，也是妇女日常生活中经常需要找师傅来做的事情。

##  磨镜这门技术活儿，当赏

铜镜需要进行周期护理的根本原因是青铜和空气接触时间长了，表面会逐渐变得黯淡无光，无法发挥镜子的作用，需要重新研磨镜面才可以继续使用。

白居易在《新磨镜》中也曾经提及，铜镜新磨之后，连头上的白头发都看得清楚多了。

衰容常晚栉，秋镜偶新磨。
一与清光对，方知白发多。
鬓毛从幻化，心地付头陀。
任意浑成雪，其如似梦何。

——白居易《新磨镜》

具体说来，铜镜的生产使用周期中，有两个环节需要磨镜，第一个是刚铸造出来的时候，需要对镜面进行修正和磨镜，第二个是在铜镜生锈昏暗之后的日常维护保养。

在明朝的时候，由于铜镜制造业的激烈竞争，铜镜的质地已经由成本高昂的高锡镜变为成本较低的高铅镜，制造铜镜的工艺已经从之前的泥模进步为灰沙做模，这种工艺的优势在于透气性得到了提升，不会使铜液聚热而发生爆炸。

更重要的是，相对于之前的精密铸造，一个模芯可以铸造多个砂型，这大大提高了铜镜的生产效率。虽然降低了铜镜的工艺质量，但作为一种日常

用品，灰沙铸模让更多的老百姓可以用得起铜镜。

凡铸镜，模用灰沙，铜用锡和。《考工记》亦云："金锡相半，渭之鉴、燧之剂。"开面成光，则水银附体而成，非铜有光明如许也。

——［明］宋应星《天工开物》

所带来的副作用就是，由于铜镜中的含铅量上升，整体的色调以铅的灰黑色调为主，就更加需要时不时地磨一磨镜子了。

## 磨镜也需要“配方药”

磨镜这么专业的技术活儿，所需要的原料是普通百姓很少接触的，即使接触得到，磨镜材料的比例和流程也都有讲究。外行人来做这件事情，没准想要水银面的镜子，反而制成了墨漆面的镜子。

明代冯梦桢在《快雪堂漫录》中记录了铜镜开光时的磨镜过程。

铜镜铸成之后需要进行开光磨镜，磨镜药的制作方法需要质量好的锡一钱六分，好水银一钱，先熔化锡，再揉入水银，两者融合之后取出备用。

再准备上好的明矾一钱六分，研磨成很细的粉备用，如果要制作水银铜镜，则可以用上面准备好的这些材料放入新锅里，烧成豆腐渣的形状，用少许涂在铜镜上，用火烧制加热。如果要制作墨漆的铜镜，则直接用水银涂好之后，放入皂矾水中浸泡一天之后取出。其他不同颜色的铜镜都可以按照这种方法进行制作。

制作过程需要在梅雨天进行，而且在上色之后需要放在潮湿的地方一个月才可以移动，这做出来的铜镜就跟秦汉时期的铜镜没有什么差别了。

铜镜铸成后开光：药，好锡一钱六分，好水银一钱。先投锡，次投水银，取起，入上好明矾一钱六分，研细听用。若欲水银古，用明矾水银等分，入新锡烧成豆腐渣状，少许涂镜上，火烧之。若欲墨漆古，开面后上水银，完入皂矾水中浸一日取起。诸颜色需梅天制造。上色后置湿地一月外，方可移动，则诸颜色与秦汉物无二,百计不能落矣。

——［明］冯梦桢《快雪堂漫录》

在这个过程中，火烧之则是使锡在较高的温度下形成二氧化锡，二氧化锡为白色四方晶体,呈色为银白色。这个火烧的温度一般应控制在150℃以下,如果超过150℃，则会变成脆锡。

如果要得到墨漆的古铜镜，则只需要在常温下，锡会自然氧化形成氧化亚锡，是立方晶体，呈色为黑褐色，也就是冯梦桢所提到的“欲墨漆古”。

至于为什么要“皂矾水中浸一日”“置湿地一月外”，是因为要增加环境湿度，有利于锡的化学反应。

在磨镜这件事情上，古人是下了很大心思来研究的，毕竟关乎女性的容貌审美，一丁点儿都马虎不得。

## 解铃还须系铃人，磨镜也需磨镜人

从上面所描述的磨镜过程来看，磨镜并不是一门轻松的手艺，单是准备铅、锡、汞这些原料就已经很困难了，而磨镜的流程又有对温度和湿度的要求，真不是一般人能干的活儿。

在历朝历代的记载中，出了名的磨镜人并不多，大概是因为这个行业确实比较小众，又很难与历史潮流关联在一起。最出名的也就是《聂隐娘》中的磨镜少年了。

忽值磨镜少年及门,女曰:“此人可与我为夫。”白父,父不敢不从,遂嫁之。

其夫但能淬镜，余无他能。

——［唐］裴铏《聂隐娘》

现在看来，磨镜少年这个角色出现也太突兀了。聂隐娘从尼姑处学艺归来之后，他就突然上门拜访了，而且聂隐娘还铁了心要嫁给他。而这名磨镜少年除了磨镜之外，不会任何其他手艺。虽然磨镜足以养家糊口，但聂隐娘作为大将聂锋的女儿，自然也不会贪图磨镜人的这点收入。

所以还有一种可能，就是磨镜少年本身就是此道中人。因为磨镜所需的铅、锡、汞等，本来就是道教炼丹所需要的基本原料，从炼丹方士转行磨镜人，这条职业转型之路也算说得通。

这也解释了聂隐娘在杀人之后，可以用药水将尸体溶解到“毛发不存”，这种“化尸水”是不是也来自于此？

传说，吕洞宾也曾经兼任过磨镜人。他曾经背着匣子为尚书制作铜镜，离开的时候，还留下了一首自证“尘中磨镜人”的诗。

又尝负局奁于市，为贾尚书淬古镜，归忽不见，留诗云：“袖里青蛇凌白日，洞中仙果艳长春。须知物外餐霞客，不是尘中磨镜人。”

——［元］辛文房《唐才子传》

铜镜作为日常用品之一，也有着自身的局限性，比如制作工艺烦琐、携带不便等。等到清朝的时候，随着玻璃镜工艺的成熟，玻璃镜逐渐取代铜镜成为寻常百姓家中的常备品，而铜镜和磨镜的工艺，也随之逐渐淡出了人们的视野。

# 第八章　明朝人的朋友圈，逢年过节要晒的东西太多了

# 第一节
# 腊八节灶王节元宵节接连不断——春节

如果明朝的人穿越到现代社会过年，肯定会纳闷，为什么现代人还在争执春节应该放几天假。

毕竟在明朝，春节并不是一两天的节日，而是接二连三的节日群，从腊八节开始，一直到元宵节才告一段落。

作为中国传统时令节日的蓬勃发展期，在各个节日期间，从皇宫到民间，各种各样的玩法层出不穷，每个节日都有每个节日的讲究。

## 从腊八节到除夕，好吃好玩不重样

随着物质生活的充实，现代社会的春节已经没有之前的味道了，反而人们更加操心的是短短几天假期之内怎么应付繁忙春运，如何应付七大姑八大姨的问候，以及应付突然到访。

在明朝，从腊八节开始，整个春节还是相对比较美好的，皇宫和民间吃碗腊八粥，自己腌制一点腊八蒜和酸菜，就算过了腊八节了。

在腊八之后就是灶王节了。民间传说灶神在腊月二十三或二十四向玉皇述职，报告民间善恶，所以这两天要向灶王爷祭祀各种美食美酒，让灶王爷在玉皇面前多说自家的好话。

等到腊月二十五，玉皇就要依据灶王爷上报的情况来惩恶扬善了，这一天，民间又要举行迎玉皇大帝的仪式。

接下来的就是除夕了，作为春节的前一天，除夕在现代社会也是最为隆重的节日之一。

在明朝除夕的这一天，家家户户要吃年夜饭、贴春联、挂年画、贴窗花、驱疫、拜年、守岁。

出于环境保护等原因，现在一些城市已经不允许在除夕夜燃放爆竹了。在明朝，除夕晚上要放爆竹，还要燃烧松枝祭拜祖先，所以整座城市里往往烟火满天，睡觉比较浅的人可能整晚都睡不着。于谦在某一年过除夕的时候，刚刚入梦没多会儿，就被爆竹声吵醒了。

> 今宵是除夕，明日又新年。
>
> 爆竹惊残梦，寒镫照独眠。
>
> ——［明］于谦《除夕》

明朝时候的年夜饭已经很丰盛了，主食有米饭、馒头、年糕、饺子等，副食有鱼、鸡、猪肉、腊肉、杂碎等，饮品有烧酒、豆浆等。

如果哪户人家把这一整套年夜饭端上来，就算是现代人也挑不出来什么毛病。

##  拜年不用人露面，只需心意到

除夕结束之后，就是最终环节的春节了。

从正月初一开始，又有很多好玩的习俗：刚一起床就要焚香放炮，还要将门环或木杠放在院子的地上抛掷三次，称为“跌千金”。

正月初一五更起，焚香放纸礮，将门环或木杠，于院地上抛掷三度，名曰跌千金。

——［明］刘若愚《酌中志》

然后接下来饮椒柏酒，传说一年开始的日子，椒味精美，吃了它能免除百病。当然还要吃饺子，顺便在饺子里包上银钱，吃到的人在接下来的一年里都有好运气。

像饮椒柏酒这些习俗从南北朝就有了，更早的时候除了椒柏酒之外，还要喝桃汤和屠苏酒，吃一个鸡蛋，到明朝，都已经相对简化一些了。

长幼悉正衣冠，以次拜贺，进椒柏酒，饮桃汤。进屠苏酒，胶牙饧，下五辛盘。进敷于散，服却鬼丸。各进一鸡子。造桃板著户，谓之仙木。必饮酒次第，从小起。

——［南北朝］梁宗懔《荆楚岁时记》

在拜年这个环节，京城的官场上也做了相对简化。正月初一，主人只需要在家中的茶几上放置白纸和笔砚，客人到了之后在白纸上写上名字，就算是拜过年了。

对于京官而言，他们其实也很烦拜年这个环节。在京官群居的东西长安街上，大家拜年的时候，不管认识不认识，看见有门，不管三七二十一，先拜了年再说，陆容在《菽园杂记》称之为“多泛爱不专”。

然士庶人各拜其亲友，多出实心。朝官往来，则多泛爱不专。如东西长安街，朝官居住最多。至此者不问识与不识，望门投刺，有不下马，或不至其门，令人送名帖者。

——［明］陆容《菽园杂记》

春节过后就是立春了，这本是二十四节气之一，不算是个标准的节日。现代社会里虽然也会吃白萝卜或者芥菜来咬春，但已经不把立春作为一个节日来过了。

在明朝的时候，由于立春标志着春季开始，以农业为主要产业的封建社会还是比较看重这个节气的，所以民间还是把立春作为节日来过，也会有咬春和跑马等活动，为接下来一年的生活讨个好彩头。

至次日立春之时，无贵贱皆嚼萝卜，曰咬春。

——［明］刘若愚《酌中志》

春节的最后一个成员就是元宵节了，过了元宵节，整个春节期间的所有节日也就过完了。

朱元璋虽然在其他娱乐活动方面严格规定，但在元宵节这件事情上却格外宽宏大量。他当上皇帝之后，规定正月初八上灯，十八落灯，有十天的时间可以赏玩。

明成祖朱棣登基后，也对元宵节这件事情保持了高度的热情，他还像宋朝时候一样，在午门外制作了“鳌山万岁灯”，与臣民一起到午门外赏灯看花。

## 元宵节放假 20 天

玩得这么开心，可能你要问了：有那么长的假期让大家放肆玩吗？

对于上班族而言，除夕放假，初七就上班，能不能过个元宵节全看当天是不是周末，如果是工作日，那就与放假无缘了，就算放假，也不过多放一天而已，聊胜于无。

但在明朝，元宵节最长可以放 20 天假，文武百官和平民百姓想怎么玩就怎么玩。

给元宵节放长假的先例始于朱棣，可能他也想多玩几天，就下令每年正月十一开始放元宵假，连放10天。百官上朝，只请安，不奏事，如有军国重事，写成奏章送到内廷就行了。老百姓可以尽情地饮酒，五城兵马司不许拦阻夜间进出城池的群众。

自正月十一日为始，赐元宵节假十日，百官朝参不奏事，有急务则具本封进处分。听军民张灯饮酒为乐，五城兵马驰夜禁，著为令。

——《明成祖实录》

等到明宣宗时期，可能觉得10天假期不够长，直接给大家放了20天假，而且要求元宵节当晚君臣一起到御花园看灯展。

宣德四年正月朔，特赐文武节假二十日，元宵夜，召群臣悉赴御苑观灯。至五年八年亦然。

——［明］沈德符《万历野获编补遗》

到明宪宗时期，对于元宵节的热爱不减反增。皇帝甚至拉着全体皇宫人员来了一次大型的“角色扮演”，让所有人都大开眼界。

那是在成化二十一年（1485年），整个皇宫完全按照民间元宵节的风俗布置，所有的太监、宫女都扮成了小商贩、店小二、手艺人、卖艺人等各色群体，有耍杂技的，有敲锣打鼓的乐队，还有推车卖零食玩具的货郎，而明宪宗本人则穿着不同的盛装欣赏着元宵节的各种活动。

这场扮装游戏的还原度异常之高，明宪宗还专门请来了宫廷画师，把这一场扮装游戏作成画记录下来，也就是《明宪宗元宵行乐图》。

伴随着元宵节欢笑声的落幕，春节的节日群才算正式告一段落，皇帝百官和平民百姓都要正式投入新一年的生产生活了。

# 第二节 春季保留活动项目，怎么少得了——庙会

庙会是我国民间贺岁时的风俗，最初起源于寺庙周围，因此称之为“庙”，又由于小商小贩们在寺庙附近为香客提供各种烧香拜佛的物品，后来逐渐成为定期活动，称之为“会”。久而久之，“庙会”已经不局限于寺庙周围的烧香拜佛活动，逐渐演变成为重要节日的娱乐活动。

明初，依然是咱们的明太祖对迎神赛会严加管控。迎神赛会就是鲁迅先生在《朝花夕拾》中提及的“孩子们所盼望的，过年过节之外，大概要数迎神赛会的时候了”。

在《大明律》中明确规定：“凡军民装扮神像，鸣锣击鼓，迎神赛会者仗一百，罪坐为首之人，里甲知而不首者，各笞四十，其民间春秋义社，不在此限。”这基本把庙会性质的集会活动判了死刑。

一直到崇祯年间，朝廷对禁止迎神赛会的态度还是照抄朱元璋时期的规定。按照崇祯的说法：“邪党自须正法，以后仍当严禁。”大明都要亡了，还操心老百姓是否参与迎神赛会，崇祯皇帝也真是心大。

## 商贸活动让庙会重获新生

实际上，到成化年间，由于商品经济的恢复与发展，各种庙寺纷纷新建，

朝廷也没有心思管理民间的这些事情，庙会在某些地区已经重新开放了。

当时，浙江杭州的仁和县有一名姓鲁的商人，聪明而有商业头脑，在当时人们物质生活比较富裕的情况下，这名商人提议说七月二十三是褚侯降生的日子，应该立会庆祝一下。这里所说的“褚侯”是丝织业所奉的神仙，这么看来，这名姓鲁的商人大概率也是一位丝织业商人。

在他的倡议下，很多富家子弟自掏腰包，搭建起来了演出的舞台，全城的居民都过去看热闹，这样连续办了两年，杭州的其他子弟也都先后效仿，庙会的传统就延续下来了。

迎神赛会乃是敝俗，而仁和此俗肇于褚塘。成化末年，其里有鲁姓者，素性机巧，好为美观。时值承平，地方富庶，乃倡议曰：“七月二十三日乃是褚侯降生，理宜立会，以伸庆祝。”乃纠率一方富豪子弟，各出己资，妆饰各样台阁及诸社伙，次第排列、道以鼓乐，通衢迎展，倾城内外居民闻风往观，如此者两年，歆动他境子弟，转相效尤。

——《仁和县志》

庙会上的演出是一方面，更重要的是商人借庙会来推销商品，发展本地的商贸活动，所以庙会也常被称为庙市或香市。

明朝的庙会可跟现代社会的庙会有着天壤之别。现在的庙会主要还是以卖一些日常用品和儿童玩具为主，明朝的庙会上可是无奇不有，从奢侈品到进口商品，再到古玩锦绣，只有行人想不到的，没有商人们不卖的。比如奢侈品有珊瑚树、走盘珠、祖母绿、猫儿眼，这些玩意儿就摆在庙会的摊位上，等着富家子弟去挑选；也会有商彝周鼎、晋书唐画这些古董，宋朝之后的古董都算不上贵的；还有来自国外的进口货，外来商人也会把庙会当作商贸往来的重要场所。

庙市乃天下人备器用御繁华而设也，珊瑚树、走盘珠、祖母绿、猫儿眼，盈架悬陈，盈箱叠贮，紫金脂玉，商彝周鼎、晋书唐画，宋元以下物不足贵。又外国奇珍，内府秘藏，扇墨笺香，幢盆钊剑，柴汝官哥，洋缎蜀锦，宫妆禁绣，世不常有，目不易见，诸物件应接不暇，唯碧眼胡商，飘洋香客，腰缠百万，列肆商谈。

——［明］郝敬《谈经》

在当时的北京庙会上，游客们有十四项“必买”之物，几乎囊括了所有能买的东西，不仅要买用得上的东西、当季的新品，还要买儿女婚嫁、姑婆寿诞的东西，冬天和夏天的衣服要买，上班的衣服也要买，比逛超市更能享受一站式服务。

空着手进庙会，拎着大包小包回家，只恨自己兜里的钱不够多，要不然还能再扫一圈货。

新到之物必买，适用之物必买，奇异之物必买，布帛之物必买，可以奉上之物必买，可贻后人为镇必买，妾媵燕婉之好必买，仙佛供奉之物必买，儿女婚嫁之备必买，公姑寿诞之需必买，冬夏着身之要必买，南北异宜之具必买，职官之所宜有必买，衙门之所宜备必买。

——［清］花村看行侍者《花村谈往》

## 北京城里的庙会可真不少

既然提到了北京的庙会，那还真得说一说当时北京城的庙会。

明朝时期，华北地区的庙会主要是以北京地区为代表。在内城，有正阳门关帝庙、都城隍庙，外城有南药王庙、都土地庙，郊区还有马驹桥碧霞元君祠、中顶、西顶。其中位于内城的都城隍庙庙市和灯市最为繁盛，并称为庙灯二市。

先来说说内城的正阳门关帝庙、都城隍庙。

内城的正阳门关帝庙曾经是天下一等一的关帝庙，一度被人们视为大明王朝的象征，连祭祀所用物器都出自明朝皇宫，意义非常。相传明朝覆灭之时，正阳门关帝庙曾有异相，可见这座关帝庙在当时人们心中的地位。

（崇祯十七年）十五日癸卯，日色益晦。正阳门外伏魔庙杵，忽自中劈。又南京孝陵夜哭。

——［明］文秉《烈皇小识》

都城隍庙也不落下风。严格意义上来说，当时北京城内一共有四座城隍庙：都城隍庙、江南城隍庙、大兴县城隍庙和宛平县城隍庙，但庙会最为热闹的还要数都城隍庙。

凌濛初在《二刻拍案惊奇》中记录了城隍庙庙会的盛况："京师有个风俗，每遇初一、十五、二十五日，谓之庙市。凡百般货物俱赶在城隍庙前，直摆到刑部街上来卖。挨挤不开，人山人海的做生意。"

再来说说外城的南药王庙和都土地庙。

南药王庙位于天坛以北的东晓市街，最初是明朝晚期的武清侯李诚铭为太监魏忠贤建造的生祠，叫鸿勋祠。崇祯皇帝即位后，诛杀魏忠贤，这座鸿勋祠也改为了药王庙。

在南药王庙里，主要供奉了伏羲、神农、黄帝，外加药王韦慈藏、孙思邈，以岐伯、扁鹊、淳于意、张仲景、华佗、皇甫谧、葛洪等十大名医从祀。每年四月中旬起开庙演戏。

天坛之北药王庙，武清侯李诚铭立也。庙祀伏羲、神农、黄帝，而秦汉来名医侍。

——［明］刘侗、于奕正《帝京景物略》

土地庙位于宣武门外下斜街，旧称老君堂，是明朝级别最高的一座土地庙，与内城的城隍庙庙市齐名，号称外市。

不同的是，城隍庙庙市所卖的多是奢侈品、古玩和进口货，而土地庙庙会所卖的则更加接地气，多是寻常百姓用得上的日用品。

最后说说郊区的碧霞元君祠。

北京的碧霞元君祠也有很多，无论建在山上还是平地，所有的碧霞元君祠都被称为顶。在北京一共有东南西北中五顶。其中东顶在东直门外，大南顶在左安门外马驹桥，南顶在永定门外，西顶在西直门外蓝靛厂，北顶在德胜门外，中顶在右安门外草桥。

以郊区的西顶为例，它建造于万历三十六年（1608年），在逢年过节的时候，也是大家上香拜佛和商贸往来的好去处。喜欢外出游玩的妇女会坐一顶二人小轿，怀中抱着一袋土，用以进香祈福。

《酌中志》中曾经记载了男女老少前往西顶庙游玩观赏的场景。

> 其地素洼下，时都中有狂人倡为进士之说。凡男女不论贵贱，筐担车运，或囊盛马驮，络绎如织。甚而室女艳妇，借此机会以恣游观，坐二人小轿，而怀中抱土一袋，随进香纸以徼福焉。
>
> ——［明］刘若愚《酌中志》

城内城外有这么多的庙会，也难怪一直到现代过年的时候，庙会依然是北京城里最热闹的场合。

## 有经济效益，也有文化效益

从上文的描述来看，庙会带来的经济效益不可小觑，要不然杭州的商人也不会千方百计恢复庙会的传统。

除了经济效益之外，对于普通百姓来说，庙会的文化效益也显而易见。对于日出而作日落而息的老百姓而言，一年到头也没有什么精神娱乐活动，庙会是他们为数不多可以参加的娱乐项目了。

在吴越地区，庙会的名目众多，有以关公为主题的庙会，也有以观音为主题的庙会，这些庙会上都会有各种艺人杂耍的表演，它是民众表达信仰的重要途径，目的在于祈求一年的好收成，避免天灾人祸的侵扰，希望可以通过庙会的庆祝方式，来保得一方太平。

里社之设，所以祈年谷、祓灾祲、洽党闾、乐太平而已……凡神听栖舍，具威仪箫鼓杂戏迎之曰会。优伶伎乐，粉墨绮缟，角觝鱼龙之属，缤纷陆离，靡不毕陈，香风花霭，迤逦日夕，翱翔去来，云屯雾散，此则会之大略也。会有松花会、猛将会、关王会、观音会。

——［明］王穉登《吴社编》

商人可以在庙会上交流商业信息，老百姓也可以在庙会上交流沿途所见所闻，有些怪闻轶事也可以通过庙会成为文人著作的灵感和素材。对于不同阶层的人士来说，庙会都起到了文化传播的作用和凝聚人心的作用。

## 第三节
## 除了吃粽子，还要吃蒜汁过水面——端午节

一般来说，越有渊源的节日，玩法就越多，比如上文中的春节，那基本是玩一个月的节奏。传统节日端午节也不例外，皇宫内和民间都有各种各样找乐子的方式。

### 鹁鸪：我招谁惹谁了

先说说宫里玩什么吧。说出来你可能都不信，明朝的皇亲贵族最喜欢玩的是一种类似“玩具枪打气球”的游戏，名字叫射柳，就是骑着马用弓箭射柳枝，把柳枝射掉到地上。

这个游戏最初起源于匈奴的蹛林活动，最初与端午节没有任何关系，只是用来祈福、消灾的仪式，到金朝时才跟端午节搭上线。等到明朝，它已经成为风靡皇宫内苑的游戏之一了。每到端午，皇帝都会拉着文武大臣和皇亲贵族去天坛玩射柳。

今京师午节尚有射柳之戏，俱在天坛，俱勋戚中贵居多。各边文武大帅，例亦举射行宴犒礼；至禁中，则有走骠骑、划龙船二戏。上与官眷临视极欢，

命词臣进诗词对联，颁赐优渥。

——［明］沈德符《万历野获编》

永乐十一年（1413 年）的端午节，明成祖朱棣驾幸东苑观击球射柳，把当时的文武群臣、各路朝使及在京耆老一起叫了过来。他将在场玩游戏的贵族们分为两队，让皇太孙朱瞻基和诸王大臣依次射柳。当时还是皇太孙的朱瞻基颇为露脸，连着射柳都击中了，明成祖大大嘉赏了十五岁的朱瞻基。

永乐十一年五月午节，车驾幸东苑，观击球射柳，听文武群臣、四夷朝使，及在京耆老聚观。先是命行在礼部议，分击球官为两朋。是日天清日朗，风埃不作，命驸马都尉广平侯袁容领左朋，宁阳侯陈懋领右朋，自皇太孙而下，诸王大臣以次击射，皇太孙击射，连发皆中。上大喜，射毕，进皇太孙嘉劳之。

——［明］沈德符《万历野获编补遗》

皇帝在场的时候，射柳的画面还算比较正常，在其他场合，射柳的游戏是需要鹁鸪一起参与的。需要提前准备好一个大葫芦，在葫芦里面装上鹁鸪，挂在柳树枝上又称为“剪柳”。

游戏开始时，由参加游戏的人射这只葫芦，葫芦落地摔开之后，鹁鸪随之飞出，谁葫芦里的鹁鸪鸟飞得高，谁就算赢。

这就不完全考验射击本领了，葫芦本来就比柳枝要方便射击，击中之后，鹁鸪能飞多高，跟玩游戏的人也没什么关系了，万一射中的葫芦里是一只胖鹁鸪，那大概率是要输掉游戏了。

看来，玩射柳游戏的明朝人不仅不知道对方葫芦里卖的是什么药，也不知道对方葫芦里装的是什么鹁鸪。

## 吃完粽子，再来一碗蒜汁过水面

皇宫里把鹁鸪当作游戏道具，普通百姓肯定是玩不起的。如果有那么一只胖鹁鸪的话，红烧清蒸不香吗？

那么普通老百姓在端午节这一天都讲究什么呢？

首先说吃什么，粽子当然是少不了的，其次还要来一碗有味道的蒜汁过水面，也就是把面条在水里过一道，拿蒜汁拌着吃，面条筋道，滋味上头，一整天都能回味无穷。喝的东西跟其他朝代没有什么区别，主要是驱邪避灾的雄黄酒、菖蒲酒。

其次，还要把自己装扮起来。家里有女儿的，要在头上插上石榴花出去赏石榴，出嫁了的女儿也要回娘家来。因此，明朝又将端午节称为女儿节。

男人则把艾叶缝制成的香包挂在脖子里或拴在手腕上，顺便在门口插上艾草叶，或者把一盆艾草放在家门口，有的人家还会在手心、额头抹上朱砂酒，在家中墙壁上也洒上朱砂酒，这样做都是为了避五毒。

五日用朱砂酒，辟邪解毒，用酒染额胸手足心，无会虺蛇之患。又以洒墙壁门窗，以避毒虫。

——［明］冯应京《月令广义》

普通老百姓也在端午这天去天坛游玩。早上吃完饭就可以出发去天坛了，好好玩一上午再出来，传说可以获得神灵的庇佑。

除了天坛之外，也可以跟家人一起去野外踏青散步。拥有一个长达五天的小长假，明朝人的幸福感明显挺高。